少林秘传绝技丛书

少林擒拿绝技

邓方华　编著

人民体育出版社

图书在版编目（CIP）数据

少林擒拿绝技 / 邓方华编著. -- 北京：人民体育出版社, 2019 (2025.11重印)
（少林秘传绝技丛书）
ISBN 978-7-5009-5484-2

Ⅰ. ①少… Ⅱ. ①邓… Ⅲ. ①少林武术—擒拿方法(体育)—基本知识 Ⅳ. ①G852.15

中国版本图书馆CIP数据核字(2022)第101620号

少林擒拿绝技

邓方华　编著
出版发行：人民体育出版社
印　　装：三河市紫恒印装有限公司

开 本：880×1230　32开本　　印 张：7.25　　字 数：166千字
版 次：2019年3月第1版　　　印 次：2025年11月第8次印刷
书 号：ISBN 978-7-5009-5484-2
印 数：19,501—21,000册
定 价：28.00元

购买本社图书，如遇有缺损页可与发行与市场营销部联系
联系电话：（010）67151482
社　　址：北京市东城区体育馆路8号（100061）
网　　址：https://books.sports.cn/

丛书插图制作

（排名不分先后）

邓方华	高　翔	凌　召
潘祝超	谢静超	赵爱民
黄守献	王松峰	李贡群
高　绅	黄冠杰	黄婷婷

总 序

2017年1月25日，中共中央办公厅、国务院办公厅印发了《关于实施中华优秀传统文化传承发展工程的意见》（以下简称《意见》），并发出通知，要求各地区各部门结合实际认真贯彻落实，体现了党和政府对中华优秀传统文化的重视。

在国民教育方面，《意见》提出：加强中华优秀传统文化相关学科建设，重视保护和发展具有重要文化价值和传承意义的“绝学”、冷门学科。在保护传承文化遗产方面，《意见》提出：推动民族传统体育项目的整理研究和保护传承。

中华武术有着几千年发展的历史，是中华民族在社会实践中创造的宝贵财富，是中华文化的重要组成部分。少林武术作为中华传统武术的优秀代表，其秘传绝技与武学秘籍一直是武术爱好者竞相学习和研究的对象。目前在国家的重视下，少林武术发展形势良好，但也存在可供学习的少林武术书籍相对较少的问题，因此，需要对少林武术的相关技艺进行整理出版，使中华武术进一步发扬光大。

《少林秘传绝技丛书》应运而生。本系列丛书依据“健康第一”的教育理念和“便于传承与发展”的要求，邀请有关专家参与编写，披露了少林武术的多种秘法绝艺。先期出版的有《少林点穴绝技》《少林擒拿绝技》《少林擒跌绝技》《少林短打绝技》《少林腿法绝技》《少林古传擒拿与点穴》《少林古传技击术》《少林八段锦古传秘功》《少林易筋经古传秘功》9本，后续还会出版相关系列图书。这套丛书既可作为武术爱好者学习研究的参考用书，也可作为各级各类武术教员的教学用书。

本系列丛书注重图文并茂，避免抽象化和纯理论化，意在提高现代武术爱好者的学习兴趣；立足于理论联系实际，突出学以致用要则；力求简洁明晰，便于阅读，便于练习。当然，不足之处在所难免，欢迎读者批评指正，以利今后进一步充实与完善。

内容提要

1. 武松伏虎手，又名“武松反擒拿手”，共三十六势，乃武松门绝技。《武松秘谱》载：“伏虎之手，技击要法。与敌纠缠，擒拿于我，当时急用，即刻解脱。此法巧妙，既可脱身，又可伤人，一举两得。”

2. 白猿通臂擒拿手，共二十四势，长短兼具，灵活巧妙。少林白猿通臂拳，“手如铁，腕如绵，臂如鞭，身如猿”；吞如坐猿接物，吐如灵猿奔山；小巧紧凑中，抓拉擒拿；大开大合时，势不可挡。

3. 硬门通臂擒拿手，共二十四势，擒打相融，长中使短。硬门通臂拳，“长手冷腿，神机莫测”，是少林派名拳之一，“秘传硬门通臂拳，铁手冷腿敌胆寒；放长击远舒猿臂，迭劲追杀变无端”。

4. 劈挂分筋错骨手，共二十四势；等敌靠身，以长制短，长中带短；一旦得手，乘机用打。少林劈挂拳，是少林派的一个重要拳种， 其拳法风格别致，独具特色，劲力饱满，动作舒展。在技击上讲究以长制短，以快打慢，高劈低挂，横拦顺搬，折叠回环，招法珠连。

5. 大力金刚擒魔手，共十八势，以大力鹰爪功为根本，再加抓拿、缠拉、封闭、拦截、点穴、跌法等绝招，如虎添翼，当者披靡。少林金刚大力鹰爪功，是专门练习手上抓扭力量的一种硬气功，功成者双手十指利如钢爪，发力能碎酒杯、裂核桃，擒拿立致筋分骨错，令敌胆寒。

6. 混元擒拿手，又名“燕青混元擒敌手”，共十四势，其双爪用劲之时混合踢打，分筋错骨之时混合点穴，擒伏拿获之时混合摔跌，招法复合，细腻多变，常使敌防不胜防。此少林燕青门，又名“燕青扑”，乃少林独传秘宗，擅长擒拿摔跌，灵巧机敏。

目 录

第二章　白猿通臂擒拿手（二十四势）/ 52

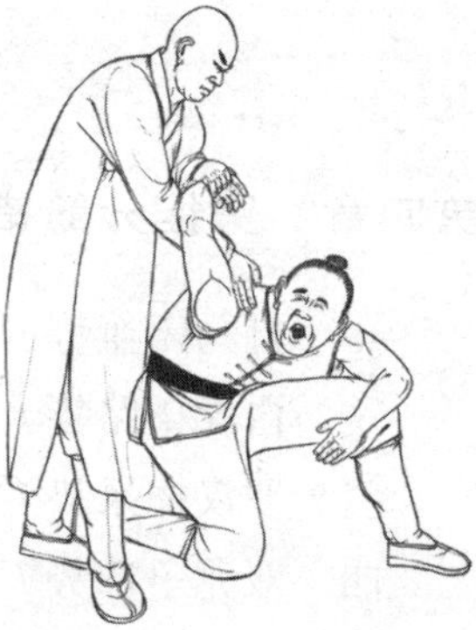

第五章 大力金刚擒魔手（十八势）/ 156

第一章

武松伏虎反擒拿（三十六势）

《武松秘谱》载："伏虎之手，技击要法。与敌纠缠，擒拿于我，当时急用，即刻解脱。此法巧妙，既可脱身，又可伤人，一举两得。"

武松伏虎手，又名"武松反擒拿手"或"武松解脱手"，以此寓意，我被敌方擒拿，故应紧急解脱，尽快反制。今选其三十六势，举例解析。

武松拳，也叫“二郎拳”，乃少林古传名门，具有北少林拳的特色，主要流传在山东、河南、江苏一带。其拳势粗犷，刚猛有力，拳脚并用，硬打快攻，有鸳鸯腿、打虎架、二郎对、脱铐手、伏虎手、醉酒拳、行者刀、打功夫等秘传武技。

拳歌曰：“打虎英雄武二郎，除暴安良美名扬。怒杀西门双拳硬，醉打蒋门武艺强。鸳鸯楼上锄北奸，六和寺前擒南王。功成身退行者居，江湖梁山犹进香。”

一、压肘屈腕势

1. 敌方右手抓按我方头顶，欲施招击我。我方迅疾退步而低头俯身，与敌方拉开一定距离。（图1–1）

图1–1

2. 动作不停，我方退身之际，起双手按住敌方右掌背，控在我方头顶。（图1–2）

图1–2

3. 随即，身体向右侧屈转体，双手合力随势往右侧别掌扭臂，左肘压住敌方右肘。通过控掌扭腕，重挫敌右腕。（图1-3）

图1-3

二、旋身断肘势

1. 敌方右掌劈按我方头顶。我方沉身低头，卸化敌掌震击。（图1-4）

图1-4

2. 我方起双手将敌右掌抱按贴于头顶，同时，左脚上步于敌方右脚内侧。随即，起身头向前上顶，右脚向后方撤退一大步，右旋身，左肘压住敌右肘快速旋压，将敌伤折。（图1–5）

图1–5

三、掰指撩裆势

1. 敌方右掌抓按我方头顶。我方下收头颈，卸化敌手劲道。（图1–6）

图1–6

2. 我方双手上起，右手拇指穿入敌拇指，左手拇指穿入敌右手小指，同时，两腿屈膝半蹲，下沉身，身体前俯。随即，两手用力向前下、左右掰折敌右手拇指与小指，使敌负痛收手。（图1-7）

图1-7

3. 动作不停，我方猛起身，右脚弹出，撩击敌方裆部。（图1-8）

图1-8

四、转头折腕势

1. 敌方出现在我方身后，用右手抓按住我方头顶，左手推我背部，迫使我方成仰身状态。（图1–9）

图1–9

图1–10

2. 我方随势右转，沉身右屈之际，左手上起将敌右掌按压在我方头顶。（图1–10）

3. 动作不停，身体继续右转，至与敌方相对时，右手上起按于我方左掌指之上。随即，向后蹬足起身，双手配合背屈敌手腕，迫使敌直臂折腕、踮足悬跟，被我擒制。（图1–11）

图1–11

五、转身压臂势

1. 敌方从我身后伸右手，抓按我方头部后侧。我方迅疾起右手按住敌右手背，使之不能脱离，不便使力。（图1–12）

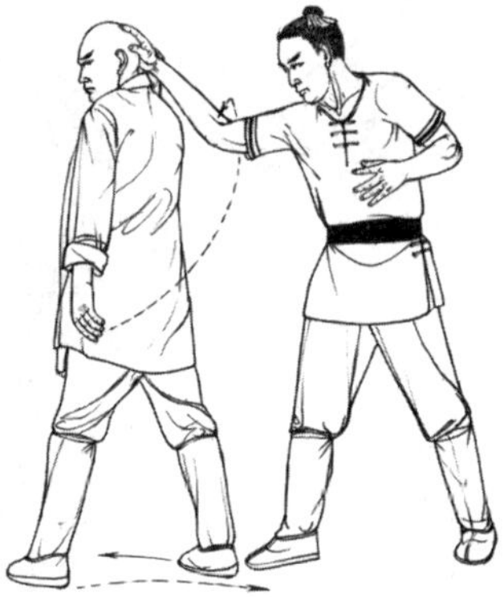

图1–12

2. 我方体微前倾，将敌右臂拉直，同时，两脚交换位置，身体迅疾左转，左臂屈肘由下向上托住敌右肘。（图1–13）

图1–13

3. 动作不停，左臂从敌方右肘外侧穿出，以大臂用力下压其肘，上体一齐前倾和右转，锁压敌肘而使之跪地。（图1–14）

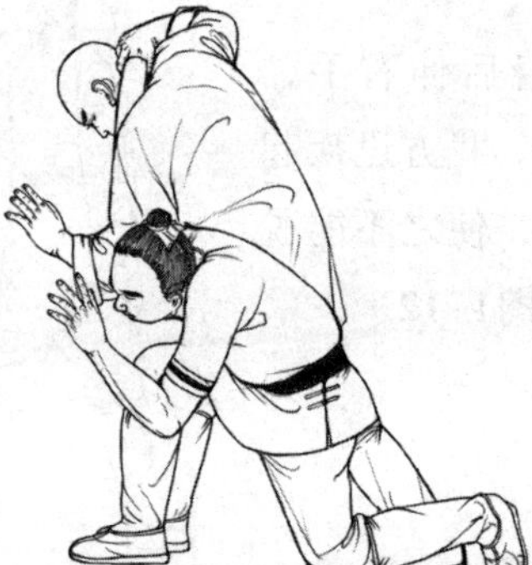

图1–14

六、旋身反撇势

1. 敌方从我身后用右手抓按我方头顶。我方迅疾顺势后仰，给敌方造一错觉。（图1–15）

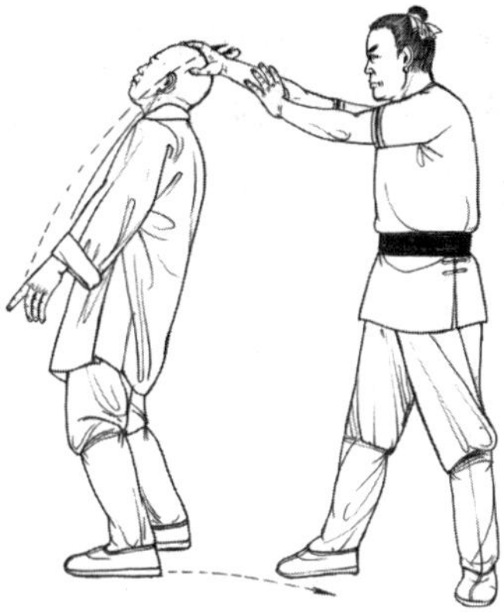

图1–15

图1–16

2. 我方左脚迅疾后退一步，缩短与敌方距离，同时，双手上起抓抱敌右手掌，上体迅速前俯，臀部后拱，将敌右臂拉直。（图1–16）

3. 动作不停，我方抓住敌右手掌不放，猛向左旋身低头，将敌向左侧方旋摔，并反折其腕部。（图1–17）

图1–17

七、撬臂扳翻势

1. 敌方上右步，双手前伸锁我咽喉。我方含颌吞胸，减轻敌双手锁喉之危。（图1–18）

图1–18

2. 随即，我方左手从敌右小臂下侧穿过，抓按住敌方左腕，右手从敌左小臂上方按压住敌右腕，双手交叉，同时，右脚后退一步，稳住身体重心。（图1–19）

图1–19

3. 动作不停，身体突然右转体，同时，左肘向右上撬抬，将敌右臂扳起，右肘下压，控制敌左臂。合力交叉扳撬敌臂，解脱敌锁喉之双手。（图1–20）

图1–20

八、兔子蹬鹰势

1. 敌方从正面上左步，用双手锁拿我方咽喉。我方速屈身下沉，双手上起，用掌棱格敌两小臂内侧向外分绷，同时，起右腿，用脚跟牢牢抵住敌裆部。（图1-21）

图1-21

2. 动作不停，我方充分利用敌方前冲扑力，用手猛拉敌衣襟，臀部下落，后坐倒身。（图1-22）

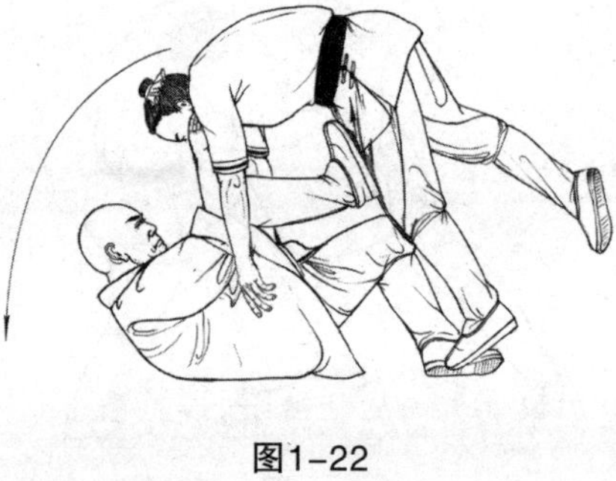

图1-22

3. 我方顺势后背贴地，身体向后滚翻，两手抓住敌衣不放，右脚蹬住敌裆，将敌从我头顶上方摔出。（图1-23）

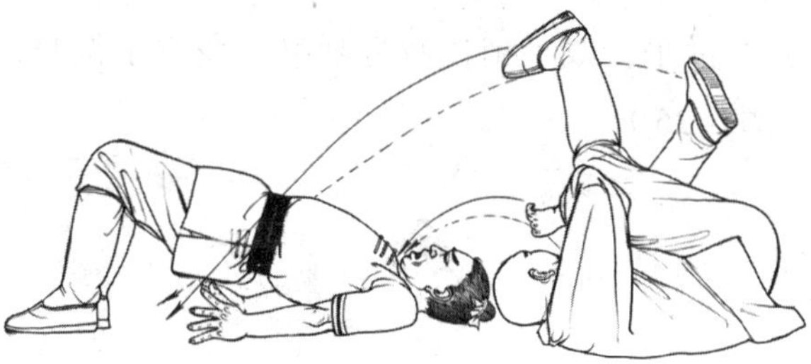

图1-23

4. 我方继续后滚翻，骑坐于敌腹部，双手拇指压住敌方喉结，牢牢控制。（图1-24）

图1-24

九、压臂反捶势

1. 敌方左进步，双手锁住我方咽喉。我方下沉身，稳住身体重心。（图1–25）

图1–25

图1–26

2. 我方右脚落于敌方左脚后侧，同时，右臂抡起从右向左切格敌方两小臂并向左转旋。随即，顺势用右腋夹住敌双臂向左猛力牵拉，解脱敌锁喉之手。（图1–26）

3．敌收拉双臂，欲挣脱我方夹臂之危。我方则右转体，右臂打出反背捶，击敌面右侧，致敌躺地。（图1–27）

图1–27

十、扳臂跪肋势

1. 敌方从身后上前，环臂箍勒我方颈项，并用身体紧紧贴住我方后背。我方立即用双手抠抓敌腕部下拉，颈部上伸右转，以免窒息。（图1–28）

图1–28

2. 动作不停，我方右转前屈体，双手合力往下扳敌手臂，将其背起往下斜摔。（图1–29）

图1–29

3. 当敌倒地时，我右手握住敌腕上拉，左膝跪于敌腹部，左肘压敌左肘，将敌牢牢擒制。（图1–30）

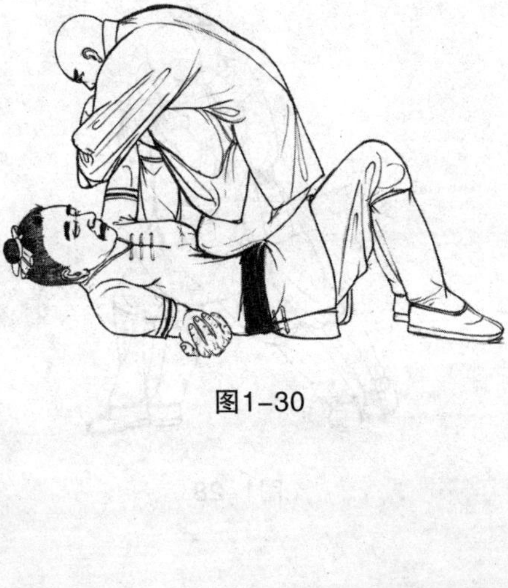

图1–30

十一、扛腋反摔势

1. 敌方闪身进入我方左侧，左脚插入我方臀后拦住我方左大腿后侧，同时，左臂环箍我颈部，右旋身摔我。（图1-31）

图1-31

2. 我方迅速将左脚向右摆跨，同时，右手抓握敌方左小臂，左手抓其大臂。随即，右脚划弧后摆，左肩抵敌右腋，两手扯拉下带，右转身将敌方反摔。（图1-32）

图1-32

十二、击裆旋摔势

1. 敌方左手握右腕，从身后用右臂环箍我颈部，并用左胯抵顶我后腰，使我方上体反弓。我方先急用双手或左手扣拿敌手臂，伸脖转颈以保障呼吸畅通，随即，右手下落，击敌裆部。（图1–33）

图1–33

图1–34

2. 动作不停，在敌方受击疼痛之际，我方右脚速退半步，随即，身体右转、前屈，右手反伸抱敌腰部，左手扣敌左腕不放，臀部后撅将敌斜背而起。（图1–34）

3. 右胯抵顶敌小腹，身体继续向右屈转，将敌往左下斜摔，使敌重跌于地。（图1–35）

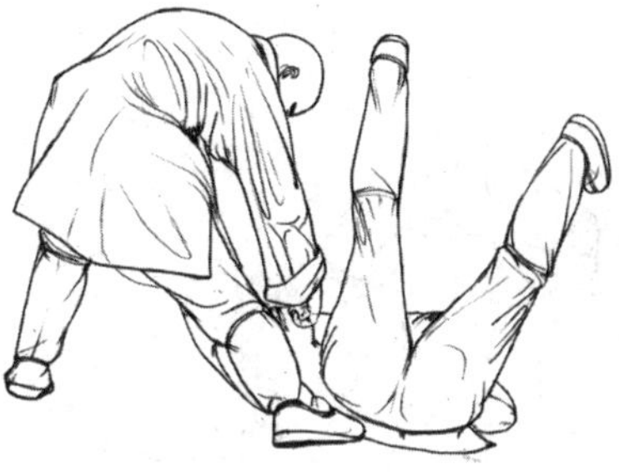

图1–35

十三、压肘挫腕势

1. 敌方左手抓住我方右腕，同时，右脚直逼我方裆前，右手直臂锁我咽喉。我方左脚迅速后退，上体后仰，卸化其力。（图1–36）

图1–36

2. 我方立即用左手抓住敌右掌背，掌棱压住敌腕背侧，同时，右转身将敌右腕控在胸前，右手乘势猛地抖力收回，迫使敌方向前下伏。（图1–37）

图1–37

3. 动作不停，我方左脚上步于敌方裆前，同时，左肘向前下压敌右肘。左手抓紧敌右掌背继续向右拧旋，右手抓握助力，使敌腕受挫反折，跪伏于地。（图1–38）

图1–38

十四、搓背扭腕势

1. 敌方左脚上步进身，左手前伸抓锁我方咽喉。我方迅疾下颌内含，鼓气于颈部抵抗锁喉之力。（图1–39）

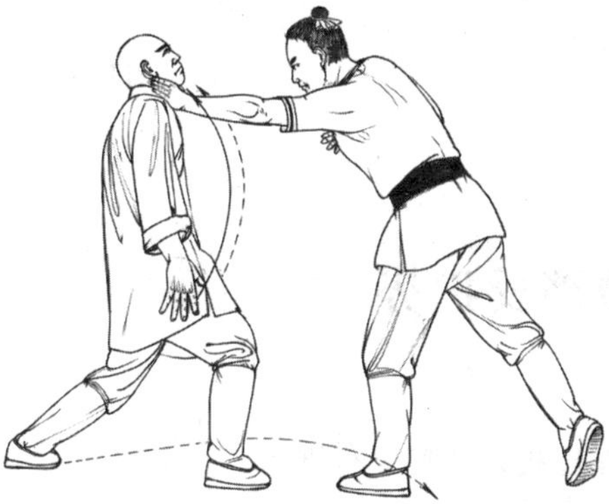

图1–39

2. 接着，我方右手按握敌左手背，左手抓住敌左手四指，同时，左脚上步于敌方左脚外侧，上体用力前压。（图1–40）

图1–40

3. 动作不停，我方身体向右侧屈俯身而下，同时，双手合力扭别敌左掌腕，并用左肘横击敌方左肘部，左脚向左后扫挂，将敌别摔于地。（图1–41）

图1–41

十五、撩裆反拦势

1. 敌方左手抓住我方右腕，右进步，右手锁喉。（图1–42）

图1–42

2. 我方立即用左手抓住敌右腕，头部后仰，右脚顺势向前撩踢敌方裆部，迫使敌方松手。（图1-43）

图1-43

3. 动作不停，我方右脚向后收落步，同时，右手按住敌右腕，右转身，左肩带臂撞击敌方右肘，使其伤折。（图1-44）

图1-44

4. 随即，我方左转身，左掌上翻，拦打敌面部或咽喉，将敌跌翻而出。（图1–45）

图1–45

十六、拍腕顶肘势

1. 敌方抓住我方左腕，向外反拧，同时，左手托我左肘，欲擒拿我方左臂。（图1–46）

图1–46

2. 我方左脚迅速上步，同时，右手猛然向下拍敌左腕内侧，将其手击落。（图1–47）

图1–47

3. 动作不停，左脚前滑半步，屈膝前弓，同时，左臂屈肘向前顶撞敌方胸部，将敌击出而跌。（图1–48）

图1–48

十七、后撩击裆势

1. 敌方抓住我方右掌反扭，用左手抓按我方右大臂后侧，迫使我方低头俯身。（图1-49）

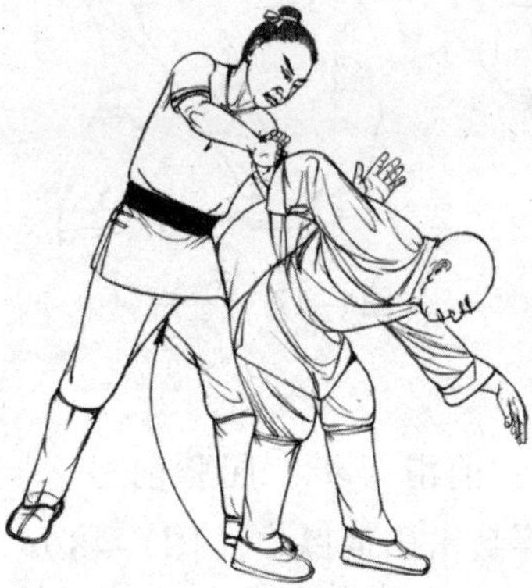

图1-49

2. 在这种危急时刻，我方两腿顺势屈膝，上体前倾，以左手下伸撑地，同时，右脚向后撩踢敌方裆部，使敌受创而松手。（图1-50）

图1-50

十八、折身砍掌势

1. 敌方双手反扭我方左腕，欲控制我左臂。（图1–51）

图1–51

2. 我方将左臂反扭贴背，缓解敌扭臂劲力，同时，迅速右转身，右掌反臂砍击敌方右颈侧大动脉，重创敌方而因此解脱。（图1–52）

图1–52

十九、扭颌拧颈势

1. 敌方右进步，双手抱住我方腰腹，用肩紧抵欲施摔法。我方迅疾用右手扳住敌头部右侧，左手扳住其左下颌。（图1-53）

图1-53

图1-54

2. 动作不停，我方双手猛然发劲，逆时针旋扭，拧挫伤敌颈椎，解脱敌之抱腰。（图1-54）

二十、推颌挖眼势

1. 敌方右进步，扑身用双手抱住我方腰部，右肩紧抵我方胸部，欲将我方摔倒。（图1-55）

图1-55

图1-56

2. 我方迅疾退右脚一步，左脚上一步，以稳住身体重心，同时，左手从其头后侧按住敌方头顶，向后扒劲，右掌根托住敌下巴，食、中二指抠按敌双目。双手发力，折敌颈椎。（图1-56）

二十一、按颈提臂势

1. 敌方俯身抢进，抱住我方腰部，右肩紧抵我方腹部，头部藏于我方右腋下，并推力欲摔倒我方。（图1–57）

图1–57

图1–58

2. 我方迅疾将左脚向前跨上一步，上体右转，尽量使面部对敌来化解敌别脚按摔，同时，右手后收按住敌后颈，左手下伸从敌臀后抓住敌裆部。随即两手齐发力，右转身，将敌向右侧方掼摔而出。（图1–58）

二十二、连环捣肘势

1. 敌方从我方身后用双手箍臂抱住我方，欲施摔法。（图1–59）

图1–59

图1–60

2. 我方深吸气蓄劲，随即猛然发力，臀部后坐，双手屈臂向前上提，用崩炸劲挣脱敌双手箍臂。（图1–60）

3. 动作不停，我方迅疾右转身，同时，用右肘后捣敌方右肋。（图1–61）

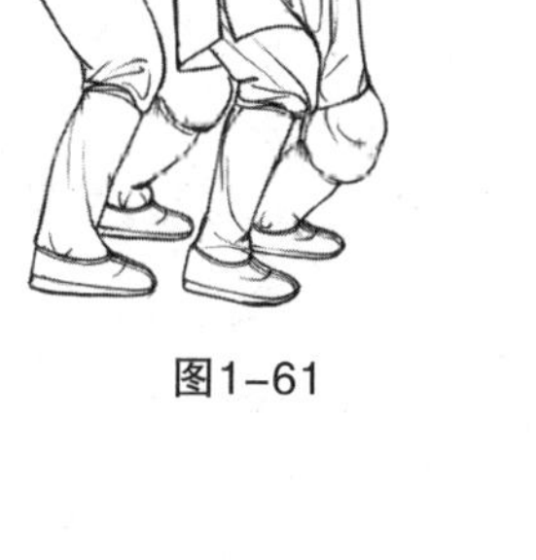

图1–61

图1-62

4. 随即，我方左旋体，左肘回身捣敌左肋，重创敌方。（图1-62）

二十三、腾空后倒势

1. 敌方从身后上来，将我方两臂连体环抱箍住，欲施摔法。（图1-63）

图1-63

图1-64

2. 我方迅疾将两腿下蹲沉劲，两手分别向后抓住敌大腿左右外后侧。随即，左脚向后内圈敌右脚跟，双手猛力向前上提拉，身体向后倒去，使敌下我上而跌伤敌方。（图1-64）

二十四、搬足坐胯势

1. 敌方从身后拦腰抱住我方。我方迅疾将两脚分开以免失衡，随即仰面，用头顶后侧撞击敌方面部。（图1-65）

图1-65

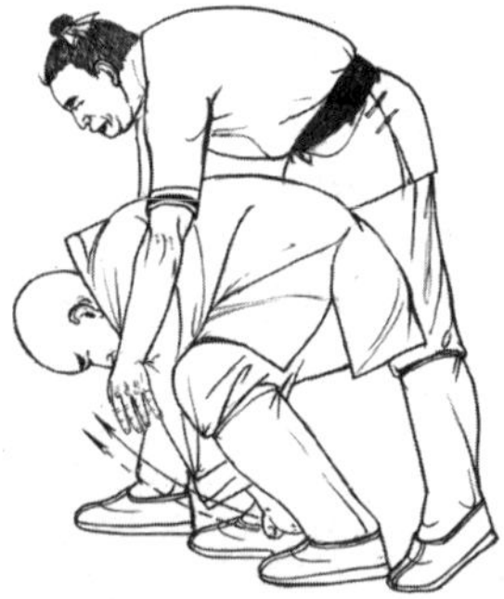

图1-66

2. 动作不停，我方不管敌方是否松手，迅疾上体前俯，两手从裆下抱住敌方右脚跟部。（图1-66）

3. 随即，我方两腿屈膝下坐，两手抱敌脚跟上提，臀部狠坐敌右膝，将其坐跌于地。（图1-67）

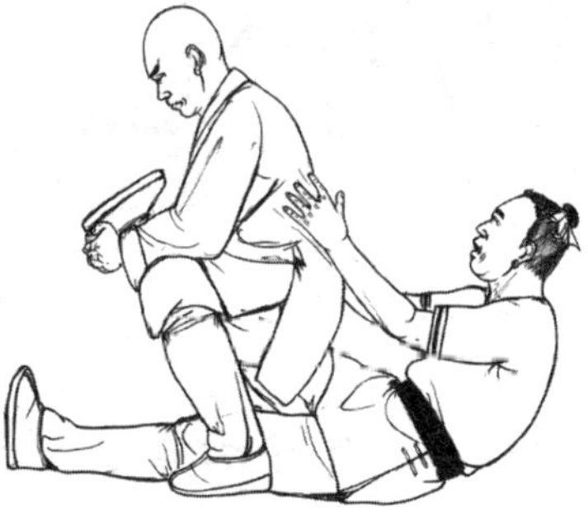

图1-67

二十五、砍颈挂腿势

1. 敌方左进步，左手抓住我方腹前衣服或腰带，并向上提。（图1–68）

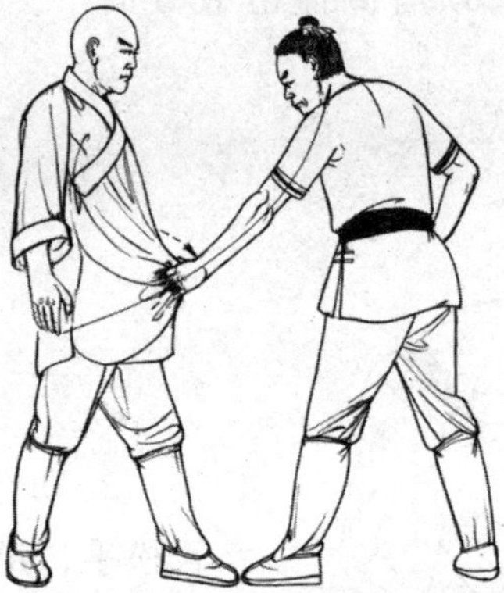

图1–68

图1–69

2. 我方迅速用左手抓握住敌方左手腕，同时，身体左偏，右掌砍击敌方颈部左侧。（图1–69）

图1–70

3. 动作不停，我方收右手握住敌左手，右脚扫踢敌左脚跟，将敌击倒而擒拿。（图1–70）

二十六、捋腕压肩势

1. 敌方左进步，左手顺势抓住我方腹前衣服或腰带，欲施招制我。（图1–71）

图1–71

2. 我方迅疾起左手抓住敌左腕，同时，右脚上步于敌方左腿后侧，左转身，右肘格击敌左大臂后侧，迫使敌松手。（图1–72）

图1–72

3. 动作不停，我方左手牵住敌左腕不放，左脚向身后退一大步，上体左旋，右肘压住敌左后臂推劲，跌敌而擒拿。（图1–73）

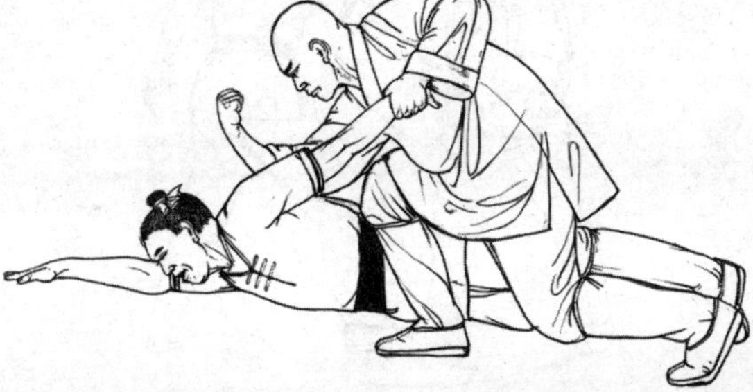

图1–73

二十七、端臂别腕势

1. 敌方右进步，伸出右手抓住我方腹部衣服或腰带，并拧旋上提。（图1–74）

图1–74

图1–75

2. 我方速用左手抓住敌右腕，含胸收腹，身体左旋，同时，右臂内裹，用右大臂裹击敌方右肘。（图1–75）

3. 动作不停，我方右手顺势上收，用肘弯夹挟住敌方右肘，并向上端肘臂，左手拽住敌腕下拉。交错发力，擒拿敌臂。（图1–76）

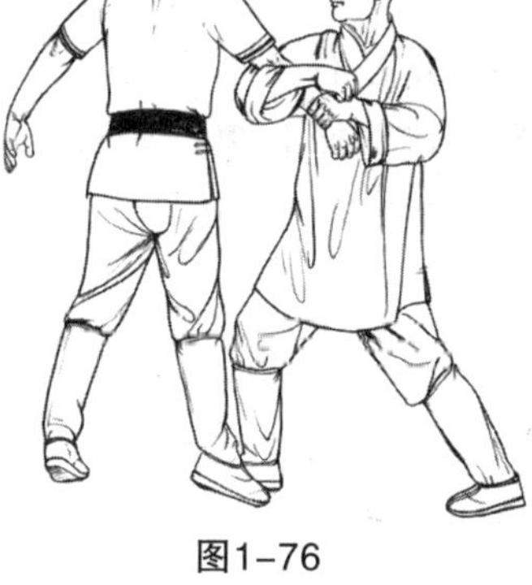

图1–76

二十八、转身扛肘势

1. 敌方从身后抓住我方后侧衣服或腰带，并向后拖拉。（图1–77）

图1–77

2. 我方迅疾将两手反臂抱抓敌方右手掌指，控在后腰使其不能脱离，随即，俯身右旋磨转。（图1–78）

图1–78

3．动作不停，头部转至敌方手臂下时，身体猛然向后错劲，拉直敌方手臂，头部穿过敌右臂下侧，将敌右臂担在我方左肩。随之挺身立体，反折伤敌腕、肘。（图1–79）

图1–79

二十九、别臂压肩势

1. 敌方从身后用右手抓住我方后腰衣服或腰带，并向后拖拉。（图1–80）

图1–80

2. 我方右手后伸，抓按敌右手，控制在我腰上，同时，左脚后退一步，上体左转，迫敌右腕反拧。随即，我方左臂屈肘撞砸敌右肘。（图1–81）

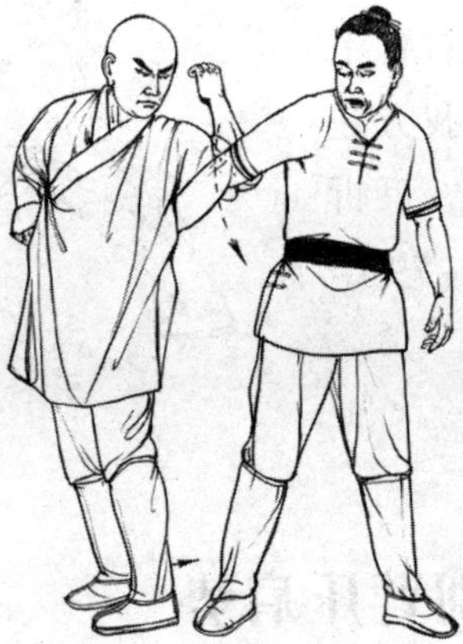

图1–81

3. 动作不停，身体猛向左旋转，左肘压住敌右臂，使其反折，迫敌俯身趴地而被擒。（图1–82）

图1–82

三十、别臂绊腿势

1. 敌方从身后用右手抓住我方后腰衣服或腰带。（图1–83）

图1–83

2. 我方迅疾后伸左手抓住敌方右腕，上体向右旋转，同时，右臂从敌方右臂内侧向下穿过，夹住敌小臂，右脚前移绊住敌方右脚后跟。（图1–84）

图1–84

3. 动作不停，身体继续左转，右臂夹住敌右肘上提，同时，左肘向后击敌腹部，将其向后摔出。（图1–85）

图1–85

三十一、推腕蹬腹势

1. 敌方抢步上前，双手扑击我面部；我方见敌势猛，缩身后坐，收膝仰面坐地。敌方上右步，用双手按住我方双肩，欲控我方。（图1–86）

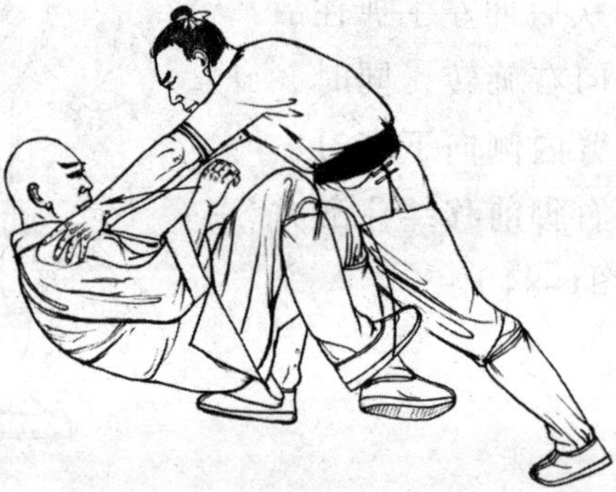

图1–86

2. 我方迅疾用左手抓住敌右腕，右手抓住敌左腕，同时，右腿收膝用脚底蹬住敌胸或腹，猛然发力将敌蹬托而起，向侧方摔出。（图1-87）

图1-87

三十二、双腿夹颈势

1. 我方仰面倒地。敌方上前俯身，左膝跪于我方裆前，双手卡我咽喉。（图1-88）

图1-88

2. 我方急用双手尽力上托推敌两小臂，先解脱敌之卡手。随之含颌团身，两手抱敌两手掌，同时，两腿上抬，夹住敌方两臂及头颈部。（图1–89）

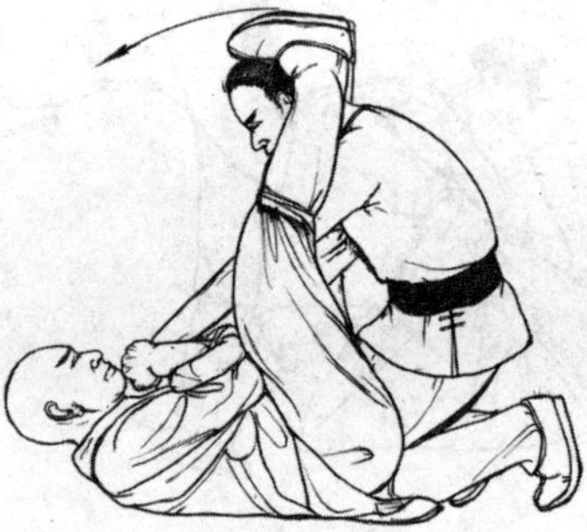

图1–89

3. 动作不停，我方猛向左滚翻身，并用右腿向左下压敌头颈部，将其向左侧摔出。（图1–90）

图1–90

三十三、朝天蹬腹势

1. 敌方将我方推倒在地成仰卧状，两脚屈跪于我方裆前，伸出两手欲擒。（图1-91）

图1-91

2. 我方两膝迅疾并拢收起而阻击，此时，我两脚掌正对敌腹部。（图1-92）

图1-92

3. 动作不停，我方猛然伸膝，两脚蹬击敌方胸或腹部，致其仰跌而出。（图1–93）

图1–93

三十四、反肘轮身势

1. 敌方从我身后使我向前扑倒，趁势骑坐在我腰部，双手前伸欲擒。（图1–94）

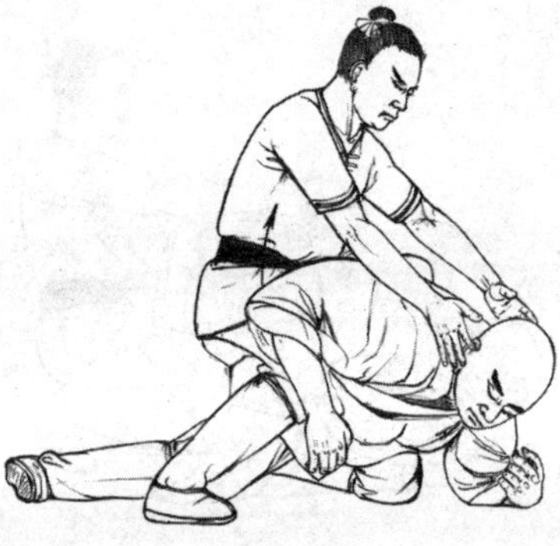

图1–94

2. 我方迅疾弓背低头，左腿收膝跪地，左肘及小臂撑地，同时，身体尽力向右旋翻，右肘向后击打敌方右肋，重创敌方，使其翻出。（图1–95）

图1–95

三十五、滚摔砸腹势

1. 敌方从我方身后使我方前扑跌倒，随即上前抱压在我方后背。我方立即两手、两脚用力撑地，臀部上拱，成躬身俯卧状。（图1–96）

图1–96

2. 动作不停，我方右脚绊住敌方右脚，顺势向左后上方转体约180度，将敌方反压于身下，并用右肘砸击敌方腹部。（图1–97）

图1–97

三十六、抱腿侧滚势

1. 敌方从身后将我推扑于地，跨步上前骑压。我方双手迅疾推地，向后抽身，两腿后收蓄劲，使敌无法施招。（图1–98）

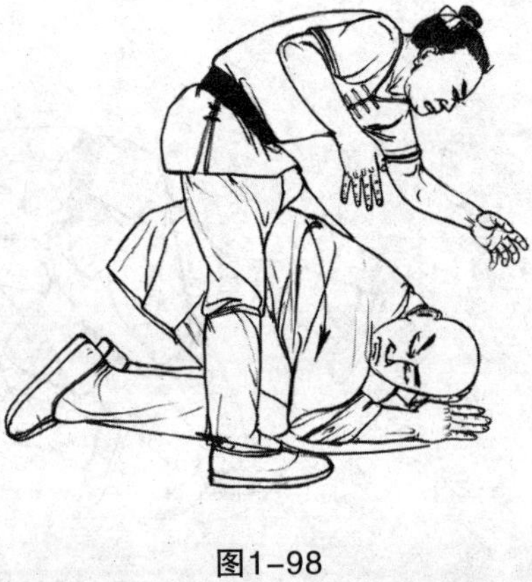

图1–98

2. 动作不停，我方迅速用右手抱住敌方右脚踝后侧，用力向右侧轮身，将敌方翻倒，同时猛力仰头撞击敌方面部。（图1–99）

图1–99

第二章

白猿通臂擒拿手（二十四势）

据传，北宋初年，福居大师曾邀集全国十八家武术名手于少林寺共研绝技，并将各家精粹汇集成册。十八家手法为："太祖长拳起首，韩通通臂为母……"其中就有通臂拳。从此，通臂拳成为少林一大拳种，而且占有很重要的地位。

本章擒拿招法，即属于少林通臂拳之白猿通臂拳。白猿通臂拳一直被誉为通臂正宗，也是少林非常推崇的拳技之一。

少林白猿拳具备通臂拳的特点，“象形取意，腰背发力，通肩达臂，放长连击”，“手如铁，腕如绵，臂如鞭，身如猿”，力由背发，两臂灵通，交叉连环，灵活多变。同时，少林白猿拳又有自己独特的一面，突出了少林拳种近身夺位、短促突击之优点，吞如坐猿接物，吐如灵猿奔山；小巧紧凑中，抓拉擒拿；大开大合时，势不可挡。

本章即精选此拳擒拿之正宗招法，共二十四势。

一、拿云捉月势

1. 敌方右进步，双手抓按住我方双肩，欲施招制我。（图2–1）

图2–1

2. 我方迅疾上起双手，抓按敌方两手背。随之，猛退左脚一步，屈身前俯，使敌方双腕内拧屈折，迫其跪地。（图2–2）

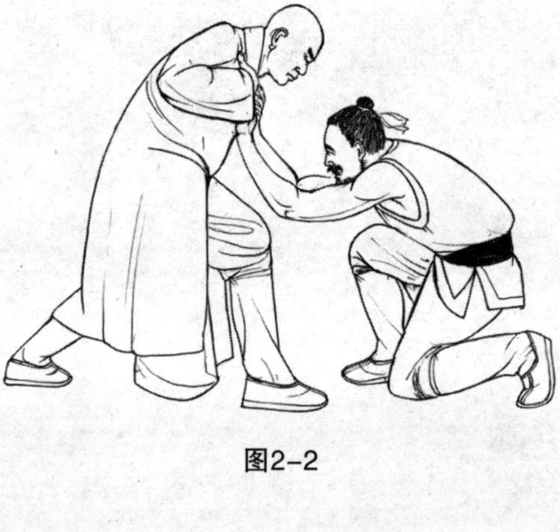

图2–2

二、肋下插刀势

1. 敌方右进步，右拳击打我方面部。我方迅疾后滑步，两掌交叉向前上托架敌右前臂下侧，阻截敌拳攻击。（图2-3）

图2-3

图2-4

2. 动作不停，我方双掌猛向上推开敌拳，随之两掌下落旋转，平行向前插击敌方左右两肋（章门穴）。紧接扣指抓入敌方两肋骨缝，伤敌而擒。（图2-4）

三、走马擒敌势

1. 敌方右进步，右拳击打我方胸部。我方后滑步避敌拳锋芒之际，右手接抓敌右腕。（图2-5）

图2-5

2. 随即，我方右手旋拧后拽，同时，左掌砍击敌方右上臂，使敌负痛俯身。（图2-6）

图2-6

3. 动作不停，我方右手放开敌腕，向前穿击敌方右腋下极泉穴。（图2–7）

图2–7

4. 接着，右脚跟步，左脚上步于敌方右脚跟后侧并将其绊住，同时，左臂伸出反拦于敌方腹部，使其仰跌。（图2–8）

图2–8

四、破腹卡仓势

1. 敌方右进步，右拳击打我方胸部。我方迅疾后滑步，上挑左掌，用掌背格阻敌方右前臂内侧。（图2-9）

图2-9

2. 随即，我方右脚向前方上一大步，落于敌方中门成右弓步，同时，右掌搂住敌方左大腿后侧，左肘顶击敌心口。（图2-10）

图2-10

3. 动作不停，我方右手搂住敌左大腿向上提起，左肘前推，将敌擒跌。（图2-11）

图2-11

五、苏秦背剑势

1. 敌方右进步，右拳击打我方面部。我方迅疾后滑步，上挑右掌，用右前臂外侧格阻敌方右前臂外侧，阻截敌拳攻击。（图2-12）

图2-12

2. 随即，我方右掌旋腕扣指，抓拿敌右腕，同时，右转体，将敌右臂扛在我左肩，左手随之上抬抓住敌右前臂，双手合力将敌右臂控在左肩。（图2-13）

图2-13

3. 动作不停，我方上体前俯，两手拽住敌臂向前下猛压，致敌肘折。（图2-14）

图2-14

六、佛顶摸珠势

1. 敌方右进步，右手向我方面部抓击。我方迅疾后滑步，沉身后坐，避过敌方右手锋芒。（图2–15）

图2–15

2. 随之，我方双手向上合抱敌方右手，头同时前顶，将敌右手按在我头上，立身前倾，右腿蹬挺，成左弓步。（图2–16）

图2–16

3. 动作不停，我方双手按住敌掌于头顶，上体前俯下压，致敌掌腕反折而跪地受擒。（图2-17）

图2-17

七、吴刚劈桂势

1. 敌方右进步，右拳击打我方面部。我方后滑步，起右掌用掌棱拦格敌右腕外侧。（图2-18）

图2-18

2. 随之，我方旋腕扣指抓拿敌腕，旋拧后拉致敌右臂反拧，同时，左掌猛力劈击敌方右大臂后侧，致其受伤被擒。（图2-19）

图2-19

八、金刚劈岔势

1. 敌方右进步，右拳击打我方面部。我方迅疾后滑步，右掌向上反划，以右前臂外侧拦格敌方右前臂外侧，将其右拳攻击力化开。（图2-20）

图2-20

2. 随之，我方右掌旋腕扣指，抓拿敌方右腕，并向下旋拧拽拉，同时，左掌虎口叉托其右腋，并向上猛力托击，致敌肩脱臼被擒。（图2-21）

图2-21

九、玉女穿梭势

1. 敌方右进步，双掌向我方面部扑击。我方迅疾后滑步退身，避过敌掌锋芒。（图2-22）

图2-22

2. 随即，我方两手前伸，交叉向前，左手在下抓敌左腕，右手在上抓敌右腕。（图2–23）

图2–23

3. 动作不停，我方迅疾右脚跨上一步，踏入敌方中门，同时，两手左右分抖发力，右手下压，左手上抬，将敌两臂绞翻制住。（图2–24）

图2–24

十、天官赐福势

1. 敌方右脚抢步上前，落于我方左脚外后侧，俯身双臂拦腰将我方抱住，右肩紧抵住我方腹部。（图2-25）

图2-25

图2-26

2. 我方迅疾沉身，上体略前俯右旋，稳住身体重心，同时，左手内收扣指扳住敌方面部右侧，使臂部夹住其头颈部，右掌按住敌额头。（图2-26）

3．动作不停，我方上体猛向右旋转，将敌仰身擒摔。（图2–27）

图2–27

十一、翻江倒海势

1．敌方右进步，右拳击打我方面部。我方迅疾撤退左脚一步，重心后坐，同时，右掌上起，用掌棱拦格敌右腕外侧。（图2–28）

图2–28

2. 随即，我方右掌旋腕扣指，拿敌右腕，向下旋拧，同时，左脚上步于敌方右脚后侧，屈膝前弓，左掌向前上翻，反背掌击敌颈部右侧。（图2–29）

图2–29

3. 动作不停，我方左臂旋裹抖劲发力，向左后侧震敌胸部，致使敌向左后侧方旋摔跌出。（图2–30）

图2–30

十二、梅花交缠势

1. 敌方右进步，双掌向我方面部扑来。我方迅疾交叉双手向前上接抓，右手在上抓敌右腕，左手在下抓敌左腕。（图2-31）

图2-31

2. 随即，我方抓住敌两腕以逆时针方向交缠，将敌绞翻跌地。（图2-32）

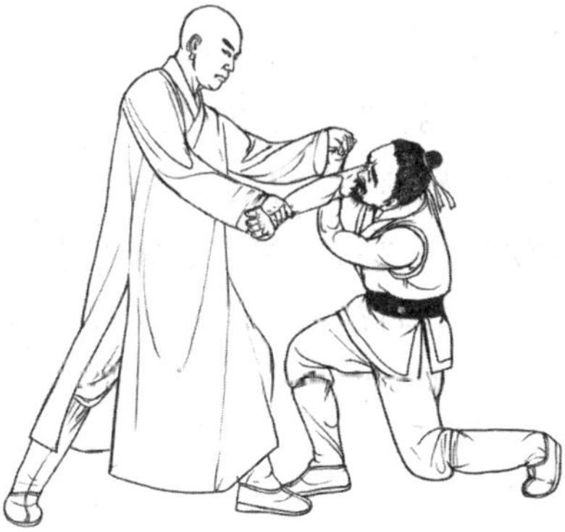

图2-32

十三、张飞扛梁势

1. 敌方右进步，右拳击打我方面部。我方迅疾后滑步，上提左掌，用掌背格挡敌右腕内侧。（图2-33）

图2-33

2. 随即，我方左掌旋腕扣指抓拿敌右拳，右手从敌右臂下侧绕过抓拿其右腕，右脚上步，左转身，将敌右臂扛在我方右肩上。（图2-34）

图2-34

3. 动作不停，我方左脚后退一步，两手拽住敌腕不放，继续左旋转体，扭折敌肘。（图2-35）

图2-35

十四、二郎担山势

1. 敌方右进步，左手抓住我胸襟。我方迅速起右手抓拿住敌左腕，并向外翻，提左手内裹臂，格击敌方左前臂。（图2-36）

图2-36

图2-37

2. 动作不停，左手下落，穿过敌左前臂，迅速向上担挑敌肘，致其骨折。（图2-37）

十五、走马牵牛势

1. 敌方右进步，右拳击打我方胸部。我方右偏身躲避敌拳锋芒之际，上起两手，从外侧格敌来拳，右手抓拿敌右腕，左手抓拿敌右肘。（图2-38）

图2-38

2. 动作不停，我方双手抓住敌右臂向右侧拽拉，猛起右脚蹬击敌方左大腿内侧，致敌重创受制。（图2-39）

图2-39

十六、怀中抱月势

1. 敌方右进步，双手抓住我方胸襟，欲施法制我。（图2-40）

图2-40

2. 我方迅疾含胸收腹，两手上提，向胸前合抱按住敌方两手背，牢牢将其控制在我方前胸。（图2-41）

图2-41

3. 动作不停，我方略后滑步，俯身用力下压敌双腕，致敌负痛跪地。（图2-42）

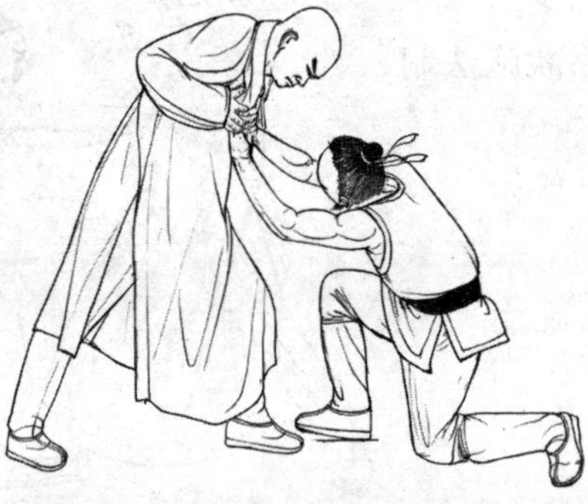

图2-42

十七、海底偷桃势

1. 敌方右进步，右拳冲击我面部。我方见敌势猛，左闪步偏身避过。（图2-43）

图2-43

2. 随即，我方左手伸臂从敌臀部后侧向前穿，捞抓敌裆部，右转体面对敌方背部。（图2-44）

图2-44

3. 动作不停，我方左手抓住敌裆部猛力上提，右掌拍按敌后背或后脑，将敌掼摔跌出。（图2-45）

图2-45

十八、海底捞月势

1. 敌方右进步，右拳横击我方头部。我方迅疾后滑步，沉身下坐，避过敌拳击打。（图2-46）

图2-46

2. 随即前俯身，右手前探捞住敌方右脚跟，猛起身上提，抱于右肋侧，同时，左掌推击敌方面部，使其仰面而跌。（图2-47）

图2-47

十九、单臂摘月势

1. 敌方右进步，右拳磕击我方面部。我方迅疾后滑步，吞身避过敌拳击打。（图2-48）

图2-48

2. 随即，我方右手向上、向外拦敌右前臂外侧，转腕圈臂，将敌右腕缠抱夹裹于右肋前，同时，左掌推按敌右前臂外侧助力，上体右旋，拉伸敌右臂。（图2–49）

图2–49

图2–50

3. 动作不停，我方右手后收，拿住敌右腕，左掌向前用掌根托击敌方下颌，重创之。（图2–50）

二十、黄莺固嘴势

1. 敌方右脚进步跨入我方中门，前俯身，两臂抱住我方腰部。（图2-51）

图2-51

图2-52

2. 我方迅疾右手下落，掌根抵住其下巴，掌心按住其嘴部，左掌反扣住敌脸部右侧助力。随即松左掌，右掌抖劲猛力前推，致敌仰头猝退步。（图2-52）

二十一、压臂换枕势

1. 敌方右进步，右拳击打我方胸部。我方后滑步之际，右掌上提勾腕，向外拦格敌方右前臂外侧，将敌拳攻击力化解。（图2–53）

图2–53

图2–54

2. 随即，我方左掌向前斜砍敌方头颈右侧。（图2–54）

3. 动作不停，我方右手抓住敌方右腕，左掌按住敌方右肘，向右后下方旋拧猛拽，致敌扑地反臂受控。（图2–55）

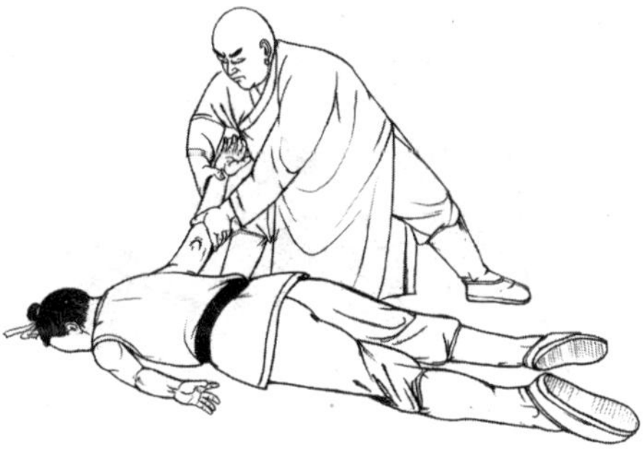

图2–55

二十二、双刀斩鼠势

1. 敌方右进步，右拳击打我方胸部。我方略后滑步，吞胸吸腹，双掌上提，避躲敌拳锋芒。（图2–56）

图2–56

2. 随即，我方双掌同时下劈，用掌棱砍击敌方肘部，使其受创而失去攻击力。（图2-57）

图2-57

3. 动作不停，我方右掌后滑，抓住敌方右腕旋拧，同时，左掌向下按压敌右肘，将敌右臂反拧使其被控。（图2-58）

图2-58

二十三、撩臂贯膛势

1. 敌方右进步，右拳击打我方面部。我方迅疾后滑步，同时，右掌上挑，托住敌肘向上撩起。（图2-59）

图2-59

图2-60

2. 接着，我方迅疾冲出左拳，击打敌方右腋窝。（图2-60）

3. 动作不停，我方右掌上划，抓住敌方右腕向右下后侧方旋拧拽拉，同时，左臂腋部压住敌方右上臂向右侧下方压扑，致敌臂受控而趴。（图2-61）

图2-61

二十四、走马截气势

1. 敌方右进步，右拳击打我方面部。我方后滑步，坐身成左虚步，右掌上挑，用掌背格阻敌方右前臂外侧，并向外用力，阻截敌拳攻击。（图2-62）

图2-62

2. 随即，我方左脚前移，成左弓步，同时，左掌向前插击敌方右肋章门穴，致敌全身软麻失力。（图2-63）

图2-63

3. 动作不停，我方左掌上提抓住敌方右腕，并向外旋拧，同时，右掌绕过敌方右腋按压其后肩部，将敌右臂反拧背后而擒敌。（图2-64）

图2-64

第三章

硬门通臂擒拿手（二十四势）

通臂拳，又称“通背拳”，是中国非常古老的拳种，分支众多，各有所长。如白猿通臂拳、猿仙通臂拳、两翼通臂拳、五猴通臂拳、五行通臂拳、六合通臂拳、八门通臂拳、合一通臂拳、祁家通臂拳、洪洞通臂拳、教门通臂拳、摔手通臂拳、劈挂通臂拳、太极通臂拳、少林通臂拳等。

本章擒拿招法属于少林通臂之硬门通臂拳。

硬门通臂拳，“长手冷腿，神机莫测”，是少林派名拳之一，是通臂类的秘宗精品。其拳歌曰：“秘传硬门通臂拳，铁手冷腿敌胆寒。放长击远舒猿臂，迭劲追杀变无端。”

硬门通臂拳放长击远，善用打法，而擒拿属于贴身近战法。但若在实战中遇敌擒拿，为了避免纠缠而陷于不利，这时就必须运用擒手及擒手打，即先对敌手擒制做出准确、快速的解脱或反控，再及时或顺势加以强劲的反击还打。

“通臂爪，贴身战；长加短，绝招全”，现精选此门擒拿之实用招法，共二十四势。

一、罗汉单挂势

1. 敌方右进步，伸右手抓拿住我方左肩，欲施法制我。（图3–1）

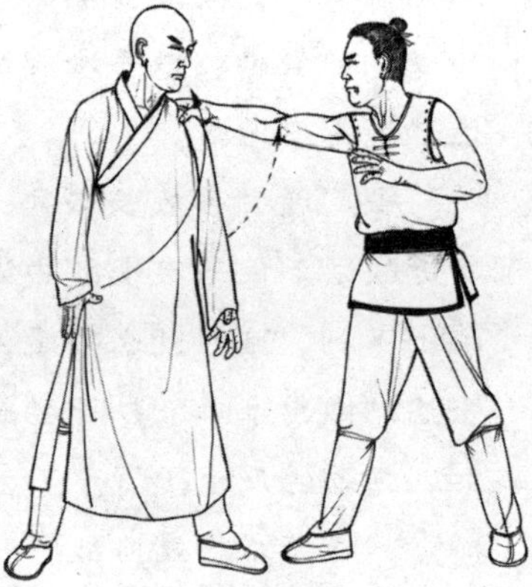

图3–1

图3–2

2. 我方迅疾用右手按住敌方右手背，将敌手控制在我左肩，同时，左肘上抬，用肘尖顶击敌方右肘弯内下侧，致其受伤。（图3–2）

3. 动作不停，我方左肘臂随即向外别挂，致敌腕、肘受伤而制服敌方。（图3–3）

图3–3

二、罗汉双搂势

1. 敌方右进步，双手前扑，抓住我方两肩，欲施法制我。（图3–4）

图3–4

2. 我方迅疾上起双手，搂按压住敌方两前臂近肘部位。（图3–5）

图3–5

3. 动作不停，我方左脚尖内扣，上体猛然右转，两手搂住敌臂用力向右外侧旋压，将敌拐倒而解脱敌方抓肩。（图3–6）

图3–6

三、孙膑背团势

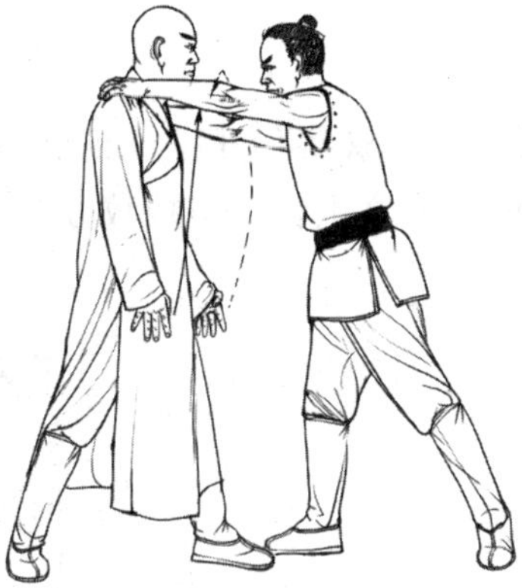

图3-7

1. 敌方右进步，双手前扑，抓住我方两肩，欲施法制我。（图3-7）

图3-8

2. 我方右手从敌左臂下抓住其右前臂，左手从敌右臂上侧挟压住其左前臂近肘部位。（图3-8）

3. 动作不停，我方左脚略收步外展，上体向左旋转，弯腰低头，两手合力，左肘下压，右肘上抬，将敌向左后侧甩翻而出。（图3-9）

图3-9

四、披身伏虎势

1. 敌方右进步，右拳击打我方面部。我方略向后滑步。同时，右掌上拦，格挡敌方右腕外侧。（图3-10）

图3-10

2. 随即，我方左脚前移步于敌方右脚内侧，同时，右掌旋腕扣指抓拿敌右腕旋拧，身向右旋转，左掌格击敌方右肘后侧。（图3-11）

图3-11

3. 动作不停，我方右手继续旋拧敌右腕并向右下侧拽带，左掌前压以肘臂部压击敌方肘及上臂，使敌前扑伏地而被擒拿。（图3-12）

图3-12

五、撬海翻江势

1. 我方左拳一出就被敌方双手抓住左腕。（图3-13）

图3-13

2. 我方迅疾将左拳用力内抽，右拳从敌方两前臂中间插下。（图3–14）

图3–14

3. 动作不停，右拳用力向上一撬敌右前臂，敌方两手即可应声撒开。（图3–15）

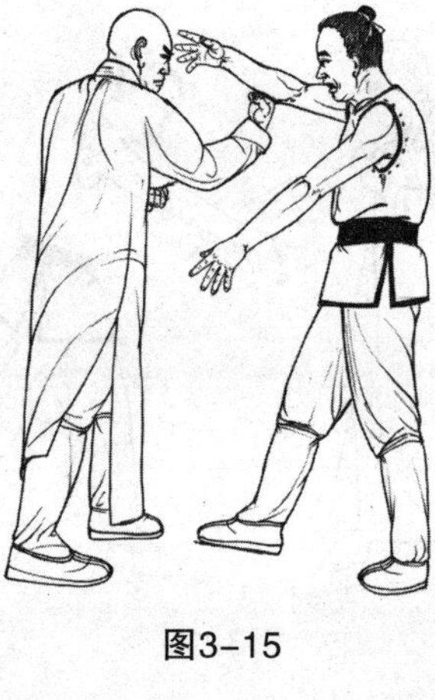

图3–15

六、挂挞降龙势

1. 我方左拳击敌腹部，被敌右手抓住手腕。（图3–16）

图3–16

2. 我方迅疾将左拳旋转内勾回拉，同时，右脚上步于敌方右脚跟外后侧，右掌推击敌方颈部下侧。（图3–17）

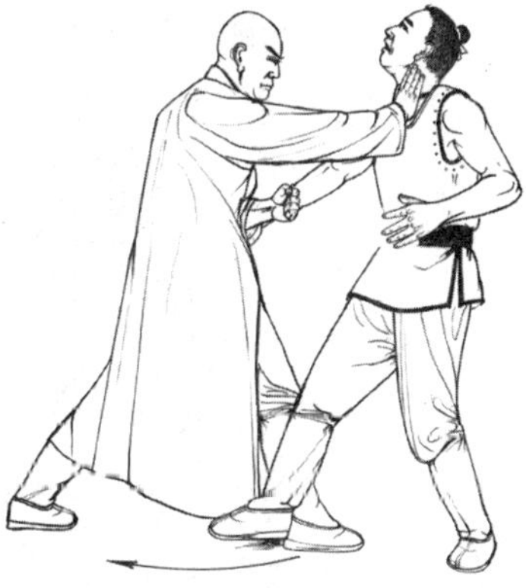

图3–17

3. 动作不停，我方右脚勾挂住敌方右脚后跟向外、向后划弧，同时右掌前推，将敌跌出。（图3–18）

图3–18

七、天星落地势

1. 敌方右进步，右拳击打我方胸部。我方略后滑步，含胸吞腹，左前臂下砸敌方右腕。（图3–19）

图3–19

2. 接着，我方左臂下压，使敌方右臂下落而上体前倾之际，右拳劈砸敌方头顶。（图3-20）

图3-20

3. 动作不停，我方左脚前移步，右脚跨过敌方后腰向其右侧落步，同时，右臂环抱其颈部，左掌按住其后脑，致敌前扑，将其控制。（图3-21）

图3-21

八、七孔流血势

1. 敌方右进步，双拳齐出，冲击我方胸部。我方迅疾吞身含胸，躲避敌拳锋芒。（图3-22）

图3-22

2. 随即，我方双手成拳，并臂下砸敌方两前臂曲池穴部位，将其双臂击落。（图3-23）

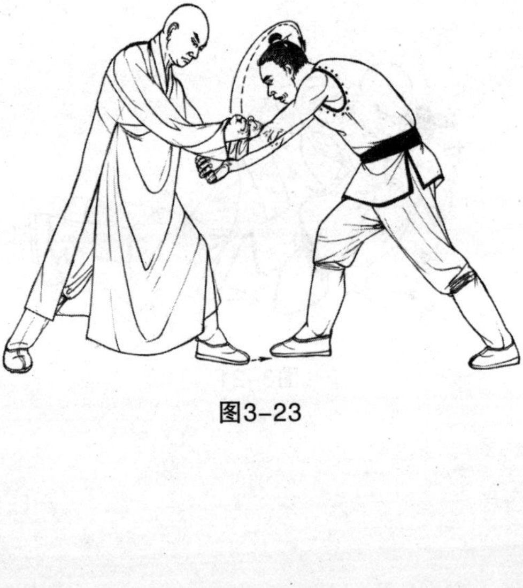

图3-23

3．接着，敌方双臂被击落俯身之际，我方双拳变鸡嘴指（五指撮拢的勾手），向前下啄点击敌方脑后天柱穴（即七孔流血穴）。（图3–24）

图3–24

4．动作不停，我方两掌下落抱住敌方两腮，同时向左拧劲，将敌扭翻制住。（图3–25）

图3–25

九、鹤嘴破瓜势

1. 敌方右进步，右拳击打我方面部。我方略向后挪身，左掌内裹，用掌棱格击敌方右前臂外侧，阻截敌拳攻击。（图3–26）

图3–26

2. 接着，我方左掌贴住敌右臂向内下压，右手成鹤嘴手（食中二指相并），直点敌方额头上侧神庭穴。（图3–27）

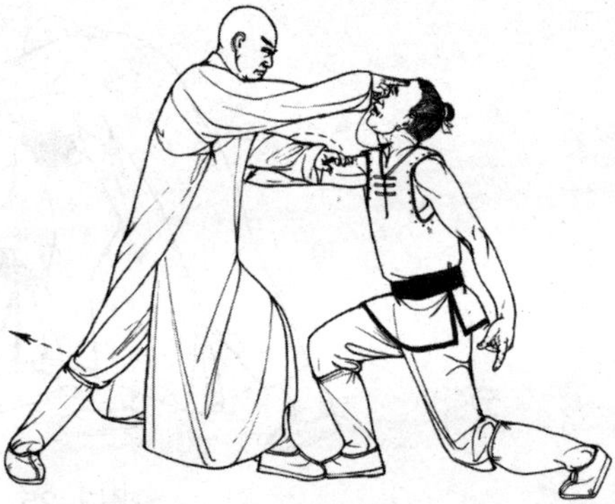

图3–27

3. 动作不停，我方左手后滑，抓住敌方右腕，同时，右手卡住敌方咽喉，左肩后撤，左转身将敌旋翻控制住。（图3-28）

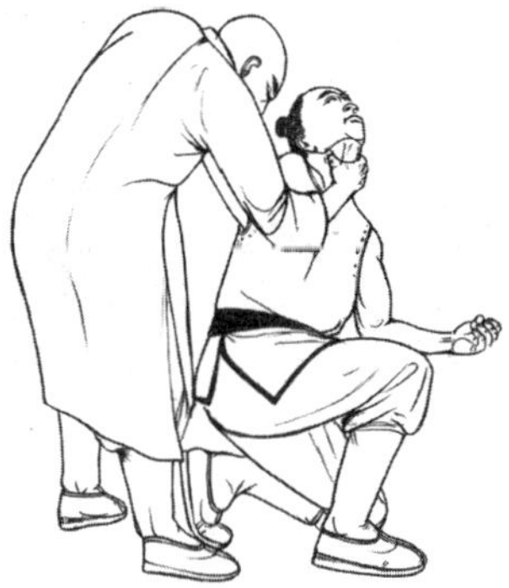

图3-28

十、白蛇吐信势

1. 敌方右进步，右拳击打我方面部。我方后滑步避敌拳锋芒之际，右掌反拍敌右前臂外侧。（图3-29）

图3-29

2. 接着，我方右手贴住敌方右前臂后滑，屈指拿住敌腕下拽，同时，左手成金剪指，前插敌方双眼。（图3-30）

图3-30

3. 动作不停，我方左手下落，绕过敌方上臂，按住其右肩，同时，右脚向右后侧方退一步，右转体，将敌右臂反扭控制。（图3-31）

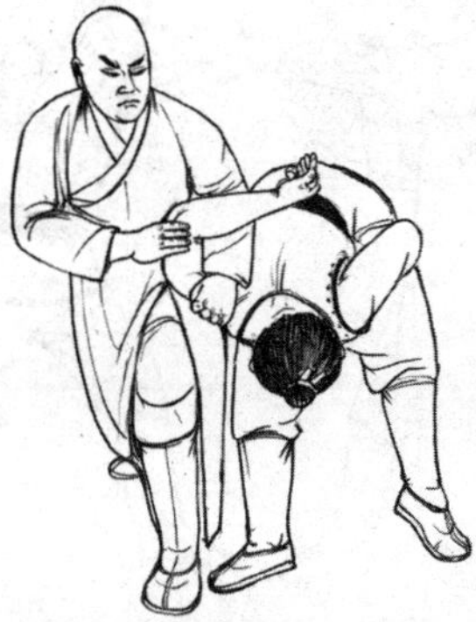

图3-31

十一、摧枯拉朽势

1. 敌方右进步，右拳击打我方胸部。我方后滑步避过敌拳锋芒之际，右侧身，左掌下砍敌右腕上侧，击落敌拳攻击。（图3-32）

图3-32

图3-33

2. 随即，我方左脚踏住敌方右脚背，同时，右掌劈击敌方右上臂。（图3-33）

3. 接着，在我方彻底击落敌方右臂的同时，右掌旋腕成拳，向前抖击敌方右胸乳部，重创敌方。（图3-34）

图3-34

4. 动作不停，我方左脚前移步于敌方右脚外后侧，右脚跟步，同时，左掌前穿，经敌方左颈侧向后反臂缠抱，向左后旋拧，抱夹敌颈而制之。（图3-35）

图3-35

十二、贯耳招风势

1. 敌方右进步，双手向前抓住我方胸襟，欲施法制我。（图3–36）

图3–36

图3–37

2. 我方迅疾提起双掌向内砍击敌方两前臂曲池穴。（图3–37）

3. 动作不停，敌臂受击而松懈抓扯之力，我方乘机双掌成拳向前抖劲掼击敌方两耳门。（图3-38）

图3-38

十三、神射金钱势

1. 敌方右进步，右拳击打我方面部。我方迅疾后滑半步，沉身躲避敌拳锋芒之际，右臂上架，格住敌方右前臂下侧。（图3-39）

图3-39

2. 接着，左脚前移步成左弓步，同时，左掌推击敌方心口部位，将其推出。（图3-40）

图3-40

3. 动作不停，我方右脚抢上一步，落于敌方右腿后侧地面，同时，右手前伸，抱夹住敌方头颈，向左旋转，使敌仰身受控。（图3-41）

图3-41

十四、风随豹尾势

1. 敌方左抢步冲身而上，左拳击打我方面部。我方见其势猛，右脚向右闪步，偏身避过。（图3–42）

图3–42

2. 我方闪身至敌方左后侧之际，迅疾左转，回身右手食中二指相并，插击敌方臀后尾骨鹤口穴（即尾闾穴）。（图3–43）

图3–43

3．动作不停，我方右转身，右脚退步，左脚跨过敌方右腿，同时，下俯身，双手抱住敌方右小腿上提，臀部下坐敌右大腿，使敌扑地。（图3-44）

图3-44

十五、打马金铲势

1．敌方右进步，右拳击打我方腹部。我方略向后滑步之际，左掌向前下按，以左臂外侧格挡敌方右腕内侧，阻截敌拳攻击。（图3-45）

图3-45

2. 接着，我方右脚跨上一步，踏入敌方中门，同时，右手并指成掌，插击敌方小腹气海穴。（图3–46）

图3–46

3. 动作不停，我方左手上抬抓住敌方右手腕，同时，右掌变拳，屈臂上提敌方右上臂并向前发劲，致敌右臂反拧受控。（图3–47）

图3–47

十六、冷雁扭头势

1. 敌方左脚进步，左拳击打我方胸部。我方迅疾收左步右偏身之际，左脚落步于敌方左脚外侧，左掌下伸向左外拦，以左肘格阻敌方左拳外侧。（图3–48）

图3–48

2. 随即，我方左脚收退一步，右脚上步于敌方左腿后侧方，同时，右掌前伸，经敌方胸前至右肩前外侧，虎口向下。（图3–49）

图3–49

3. 动作不停，我方右臂猛夹敌方头颈，圈臂收挟，左手助力内扭，致敌窒息。（图3–50）

图3–50

十七、顺手牵羊势

1. 敌方右进步，右手剑指插击我方咽喉。我方迅疾后滑步仰身避过其锋芒。（图3–51）

图3–51

2. 随即，我方右手抓住敌方右手食中二指。（图3–52）

图3–52

3. 动作不停，我方抓住敌方二指向下沉腕，并向身后猛力拽拉，致敌屈膝跪地而受制于我。（图3–53）

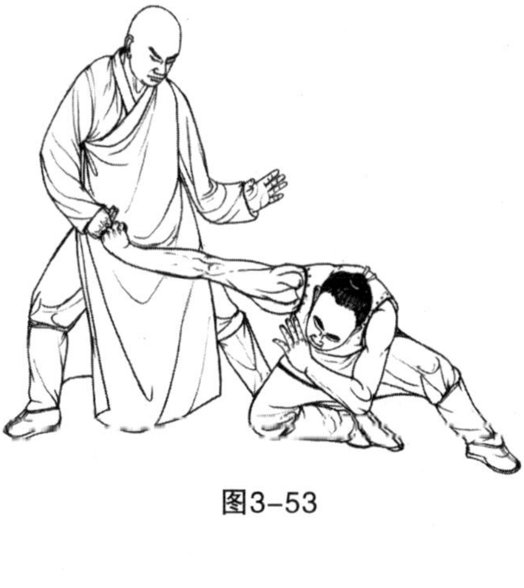

图3–53

十八、大鹏展翅势

1. 敌方右进步，右掌劈击我方头顶。我方迅疾后滑步，右臂上架，阻截敌方右腕下侧。（图3-54）

图3-54

2. 随即，我方右手旋腕扣指，抓住敌方右腕，向外反缠，再向里、向下猛拉，伤敌右臂，同时左掌再压敌右肘，可致其扑跌。（图3-55）

图3-55

十九、太公摆旗势

1. 敌方右进步之际，右手前伸抓住我方胸襟，欲施招制我。（图3–56）

图3–56

2. 我方迅疾用右手拇指穿入敌大拇指内侧，屈指握拳扣指抠其拇指，同时，两腿屈膝沉身。（图3–57）

图3–57

3. 动作不停，我方右手拿住敌右手拇指反向外撅，再向里、向下猛拉，左掌助力推按其右肘，将敌肘制住使其受控于我。（图3–58）

图3–58

二十、就地搬砖势

1. 我方不小心被敌方双手按住头部而俯身于地。（图3–59）

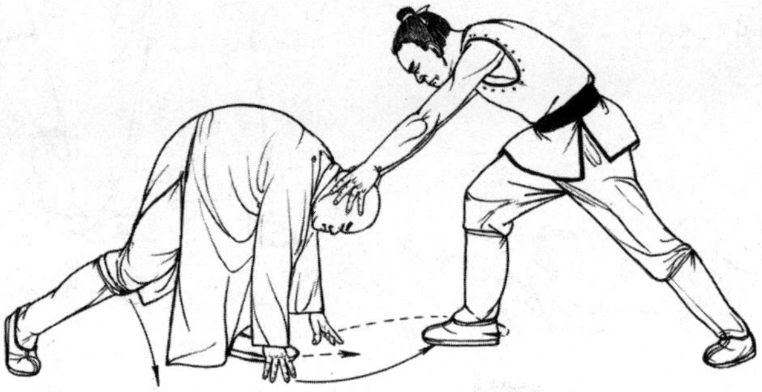

图3–59

2. 我方迅疾将右膝跪地，上体前探，右手抓住敌右脚尖，左手抓住敌右脚跟。（图3–60）

图3–60

3. 动作不停，我方两手向外或向里猛力拧转，将敌扭翻于地，解脱被按之危。（图3-61）

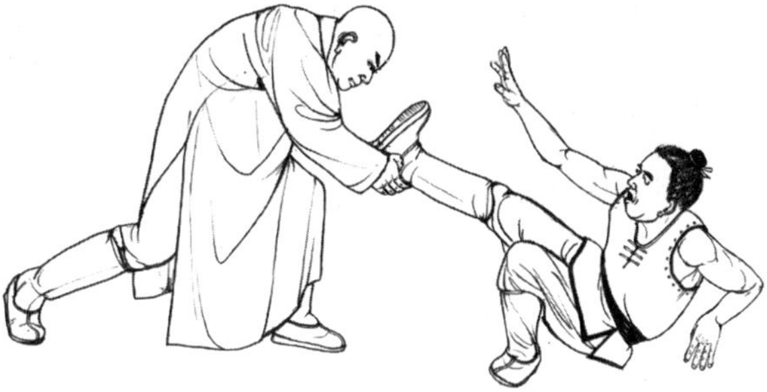

图3-61

二十一、翻扣抱腕势

1. 我方一出左拳，就被敌方右手抓住手腕，敌伸出左手欲施招制我。（图3-62）

图3-62

2. 我方迅疾用右手抓住自己左腕，同时，左拳内勾回挣，即可解脱敌方抓腕之危。（图3-63）

图3-63

二十二、太祖约客势

1. 敌方右进步，右拳击打我方面部。我方略后滑步，同时起右手拦格敌方右腕外侧，阻截其拳锋芒。（图3-64）

图3-64

图3-65

2. 动作不停，我方右手扣指拿住敌右腕向下旋拧，同时，左掌上托其肘。两手相互用力，上托下压，控制敌方右臂。（图3-65）

二十三、仙人脱衣势

1. 敌方右进步，右手前伸抓住我方胸襟，欲施招制我。（图3-66）

图3-66

图3-67

2. 我方迅疾起左手，扣住敌方右手小指向上猛撅，致使敌方右臂反扭而转身。（图3-67）

3. 动作不停，我方提起左脚，以脚跟为力点踩击敌方右腿弯处委中穴，致敌跪倒。（图3-68）

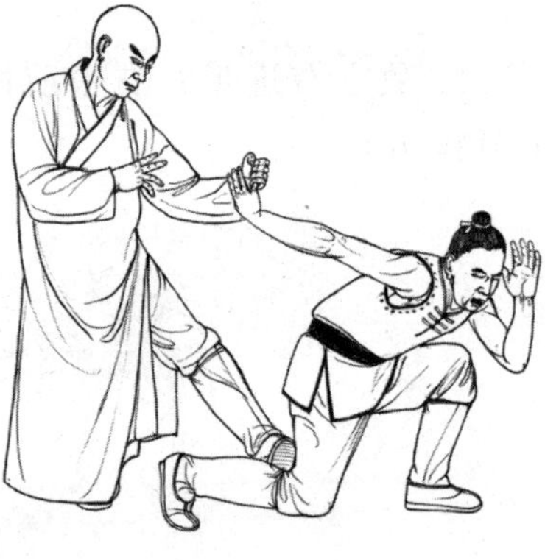

图3-68

二十四、玉带围腰势

1. 敌方从我身后伸出双臂，将我双臂及胸抱住，欲施摔法。（图3–69）

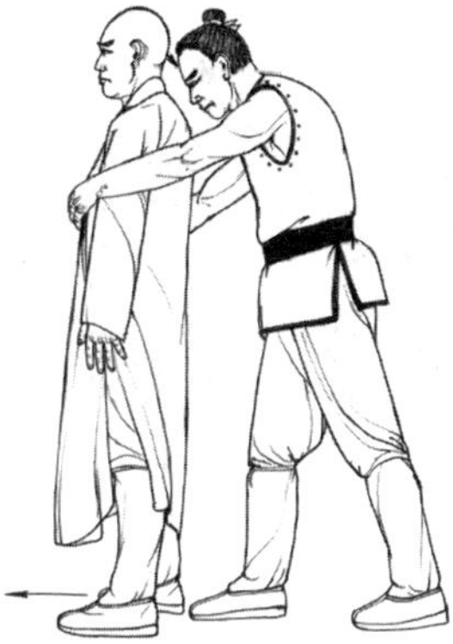

图3–69

图3–70

2. 我方迅疾将右脚跨出一步，稳住身体重心，同时，仰头碰磕敌方面部，使敌鼻部受伤而松手。（图3–70）

3. 动作不停，我方迅疾屈身下俯，双手抓住敌方右脚后跟猛向上提，臀部下坐，致敌右膝伤折。（图3–71）

图3–71

第四章

劈挂分筋错骨手（二十四势）

劈挂拳，古称“披挂拳”，是典型的长击远打类传统拳种之一，属于传统武花的一朵奇葩，盛名久远，流派很多。

此拳与通臂拳有异曲同工之妙，大致而论，通臂重“直枪劲”；劈挂重“横刀弧劲”，讲究下劈上挂，放长抽打，弧形圈劲，轮转穿插。大明抗倭名将戚继光在其《纪效新书·拳经捷要篇》中就曾论及：“披挂横拳，而其快也。”

少林劈挂拳，是少林派的一个重要拳种，据传始于明代，创于何人尚诗考证。

少林劈挂拳法，风格别致，独具特色，劲力饱满，动作舒展。在技击上讲究以长制短，以快打慢，高挂低劈，横拦顺搬，折叠回环，招法珠连。主要劲法有辘轳劲、翻车劲、吞吐劲、滚圆劲等，拧腰切胯，开合爆发。有歌赞曰：“少林劈挂拳，嵩山有真传。学会劈挂拳，出寺成英贤。”

一般而言，劈挂擅打，但与敌沾身扭斗而长劲不宜之时，那就需要解脱擒拿，所谓：“劈挂加擒拿，远近都不怕。”劈挂擒拿，主要在反击时使用，等敌靠身，以长制短，长中带短，一旦浔手，乘机用打。本章专门介绍劈挂秘传之分筋错骨手，共二十四势。

一、打马闭血势

1. 敌方右进步，左拳击打我方面部。我方迅疾后滑步，沉身下坐成半马步，同时，左掌上挑，用掌背格阻敌左前臂外侧，向外化力，使敌拳攻击落空。（图4–1）

图4–1

2. 接着，我方左脚前移步，同时，右掌插击敌方左肋部章门穴，致其全身软麻失力。（图4–2）

图4–2

3. 动作不停，我方左掌向外划，抓住敌方左腕，左脚后退一步，同时，右脚上进一步，左转身，右掌按住敌方左前臂，肘部压击敌左肘部，将敌臂反拧压制。（图4–3）

图4–3

二、白虎望路势

1. 敌方右进步，双手扑抓我前胸。我方迅疾后滑步，重心落于右腿成左虚步，同时，双掌上提护于面前，避过敌方双手攻击。（图4–4）

图4–4

2. 随即，我方身体略右转，双掌下劈敌方两前臂上侧，使其两臂垂落。（图4–5）

图4–5

图4–6

3. 动作不停，我方左掌迅速反拍而出，用掌背扫击敌方耳门左侧。（图4–6）

4. 接着，我方左掌贴住敌下颌并将其抱住，右掌抓按其头顶，双手合力向右旋拧，使敌身转面仰而被控制。（图4–7）

图4–7

三、罗汉捧果势

1. 敌方右进步，双手扑抓我胸部。我方迅疾后滑步，仰身避过其锋芒。（图4-8）

图4-8

2. 敌方势尽，收手换招，我方乘机迅疾前移左步，双掌向前捧击敌方下颌，猛力上托。（图4-9）

图4-9

3. 动作不停，我方右脚前移半步，左脚向后方撤退一大步，同时，左转身，双掌抱住敌方下颌及腮部，向左后下方旋拧将其摔出。（图4-10）

图4-10

四、双龙争珠势

1. 敌方右进步，前探身，双掌夹击我方两肋。我方迅疾后滑步，吞胸吸腹，双掌上提，避过敌方锋芒。（图4-11）

图4-11

2. 随即，我方两掌下落，从敌方两臂之间抖劲外崩，拨开敌方两手臂。（图4–12）

图4–12

3. 动作不停，我方双掌迅速上抬，向前上夹击敌方两耳根部，左右旋扭，重创敌方。（图4–13）

图4–13

五、黑虎扒心势

1. 敌方右进步，右拳击打我方胸部。我方迅疾后滑步，同时，左掌由上向下、向外划格，以左前臂拦格敌方右前臂内侧，将敌拳攻击化解。（图4-14）

图4-14

2. 接着，我方左脚前移步，右拳由上向前下磕击敌方前胸膻中穴。（图4-15）

图4-15

3. 动作不停，我方两掌迅疾向前上抱夹住敌方两腮，左右旋拧，随即前推，使敌倒地受控。（图4-16）

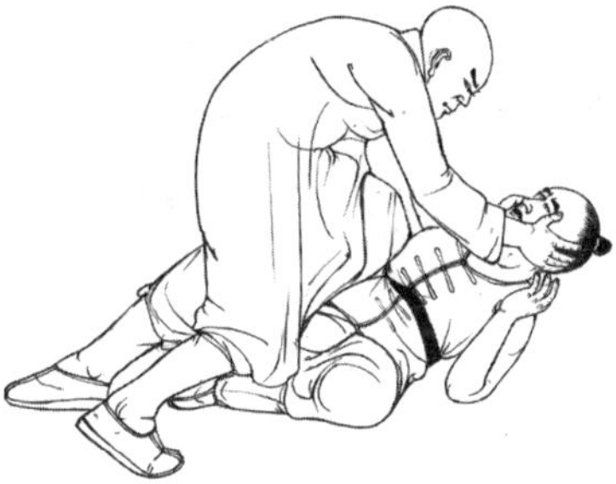

图4-16

六、金丝裹腕势

1. 我方右拳刚出，就被敌方右手抓住腕部。（图4-17）

图4-17

2. 我方迅疾右手握拳内旋勾拉，同时，左掌猛力拍压挤住敌腕上侧，两手用力向外缠拧，敌腕必伤而脱拿。（图4-18）

图4-18

七、大力碰碑势

1. 敌方右进步，双手向前抓住我方双肩，欲施法制我。（图4-19）

图4-19

2. 我方迅疾抬双掌上托敌肘部，前推劲使敌双手离开我方肩部。（图4–20）

图4–20

3. 动作不停，我方双掌迅速坐腕前推敌方胸心部位，将敌撞跌而出。（图4–21）

图4–21

八、仙人拔葱势

1. 敌方右进步，双拳向我方头部掼击。我方迅疾后滑步，避过敌拳锋芒之际，两掌上挑，格挡敌方两腕内侧。（图4-22）

图4-22

图4-23

2. 随即，我方两掌抖劲向左右分开，震落敌方双拳。（图4-23）

3. 动作不停，我方右进步于敌方右脚内侧，左偏身，右臂经敌方右后过其左肋，斜身倒抱敌之腰部，向上一拔，将敌向右后侧摔出。（图4-24）

图4-24

九、横山千军势

1. 敌方右进步，右拳击向我方头部。我方迅疾左闪步偏身避过。（图4-25）

图4-25

2. 随即，我方右脚向前弧形上步，拦于敌方右脚前内侧，同时，右掌向左、向前、向右划弧横扫敌方后脑，将其摔跌而出。（图4-26）

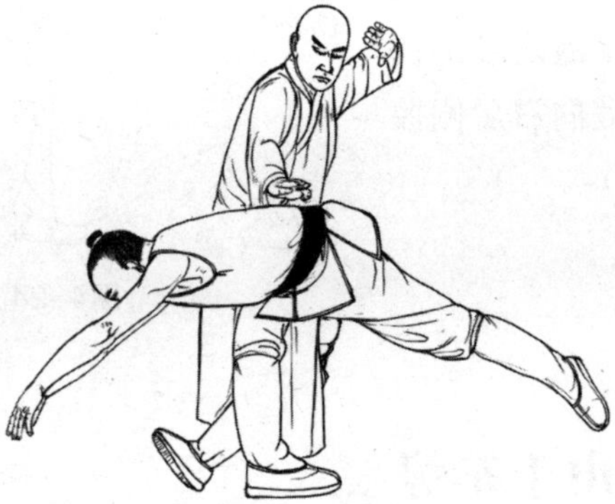

图4-26

十、仙人摘桃势

1. 敌方左抢步上前，踏入我方中门，迎面拦腰将我抱住。（图4-27）

图4-27

2. 我方迅疾用两手合抱住敌方头部，用力上扭，敌即松手。（图4–28）

图4–28

十一、老虎正坐势

1. 敌方右进步，右手抓住我方胸襟，意欲出招制我。（图4–29）

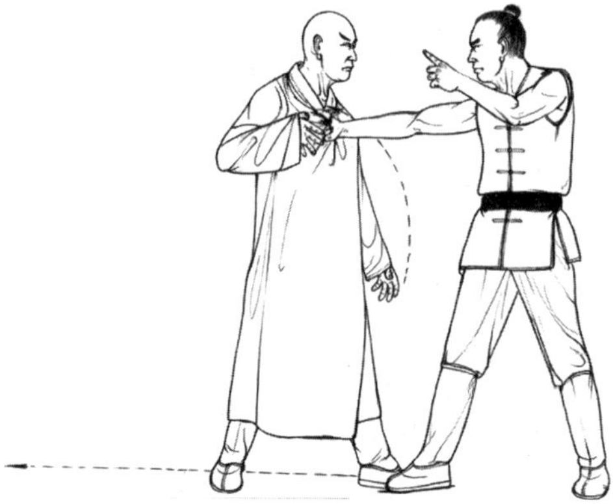

图4–29

2. 我方迅疾用两手抓握住敌方右手背，紧紧按在胸前，同时，左脚向后退一大步，上身前俯，双手压住敌右腕一挫、一拉，敌即跪地。（图4-30）

图4-30

十二、老虎侧坐势

1. 敌方右进步，伸右手抓按住我方头顶。（图4-31）

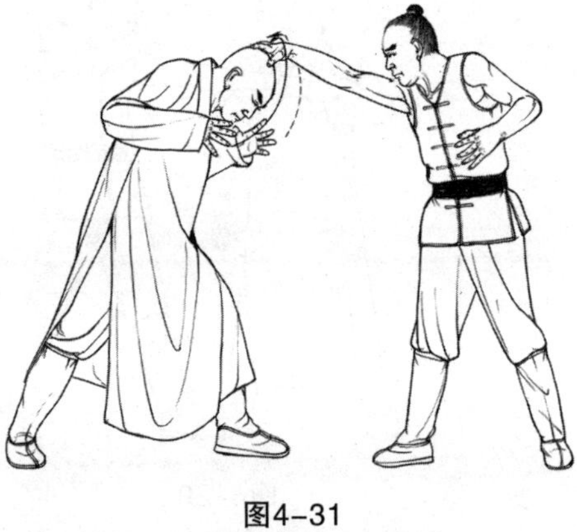

图4-31

2. 我方双手迅疾抓住敌方右手背，紧紧将敌手按在头顶上。随即，低头向右转旋，使敌右腕反折而跪伏于地。（图4-32）

图4-32

十三、金蛇脱皮势

1. 我方与敌方交涉时，无意间被敌方右手抓住左手食指，欲拧扭控制我方。（图4-33）

图4-33

2. 我方迅疾用右掌斜切敌右腕上侧，左手回抽，即可解脱而出。（图4–34）

图4–34

3. 动作不停，我方右脚跨上一步，踏入敌方中门，右掌变拳向前抖击敌方下颌，将其重创。（图4–35）

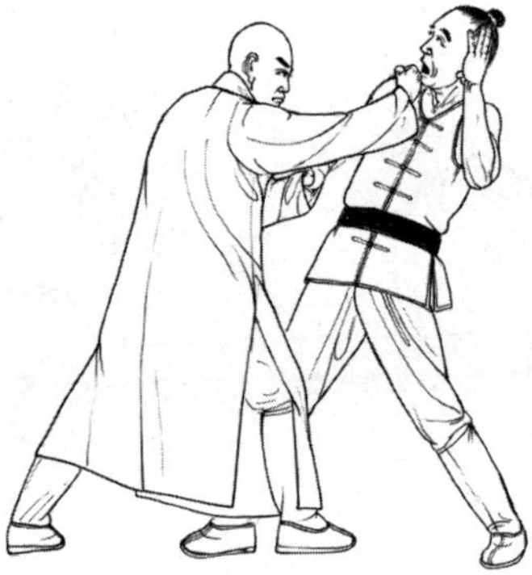

图4–35

十四、钟离挥扇势

1. 敌方右进步，右掌向我方面部推击而来。我方迅疾将双掌护于身前，后滑步避过敌掌锋芒。（图4-36）

图4-36

2. 接着，我方右掌向前砍击敌方右肘弯内侧。（图4-37）

图4-37

3. 敌方一松劲，我方随即右脚跨上一步，踏入敌方中门，同时，右掌顺势砍击敌方右腮。（图4–38）

图4–38

4. 动作不停，我方左手抓住敌右腕，右掌贴住敌颌颈部向右旋拧，扣指抠住敌下巴，掌心按住敌面部，致敌身转面仰，进而被我控制。（图4–39）

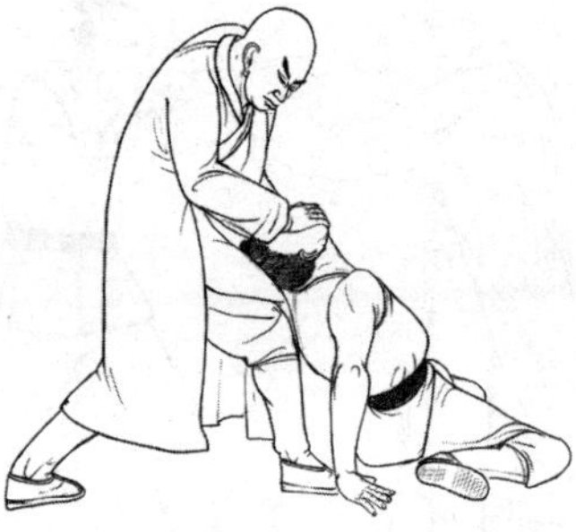

图4–39

十五、横斩截骨势

1. 敌方右进步，左拳击打我方面部。我方迅疾后滑步，避过敌拳锋芒之际，左掌上起，用掌棱格击敌左前臂外侧。（图4-40）

图4-40

2. 接着，我方左掌向外抖力之际，右掌斜劈敌方左侧颈后。（图4-41）

图4-41

图4-42

3. 动作不停，我方左手后滑抓住敌方左腕，右掌按住敌左肘部，双手配合旋拧敌左臂，使其反折于后腰背。随即，左手肘臂贴紧敌左肩臂部，右掌按住敌后脑向左推，使敌左臂超限而被擒。（图4-42）

十六、金龙抱柱势

1. 敌方右进步，双手向我方面部抓击而来。我方迅疾后滑步，避过敌双手锋芒之际，上挑两掌格于敌两腕中间。（图4-43）

图4-43

2. 随即，我方右脚进一步，踏入敌方中门，同时，两掌抡转向外分展，左膝跪地，身体下蹲，将敌方两臂弹开。（图4-44）

图4-44

3. 动作不停，我方两手前伸，分别抓住敌方两脚后跟部，用力上提，将敌提翻跌地。（图4-45）

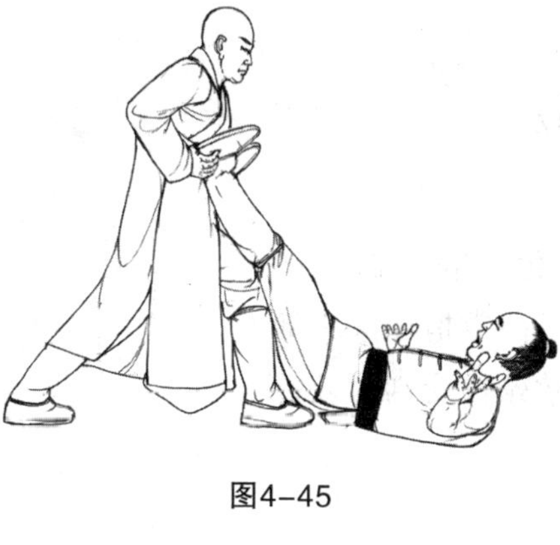

图4-45

十七、童子拜佛势

1. 敌方右进步，探身欲抱我方腰腹。我方双手前伸，用掌棱夹击敌方颈部。（图4-46）

图4-46

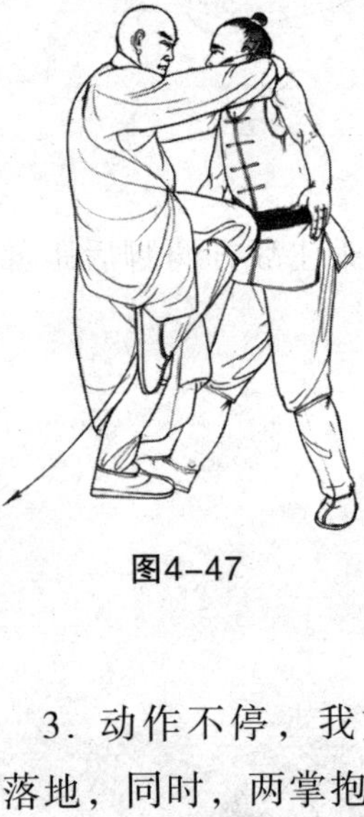

图4-47

2. 接着，我方两手搂住敌颈，提起右膝撞击敌方小腹，将其重创。（图4-47）

3. 动作不停，我方右脚向后落地，同时，两掌抱住敌头部向左旋拧，致敌颈椎受创而被控制。（图4-48）

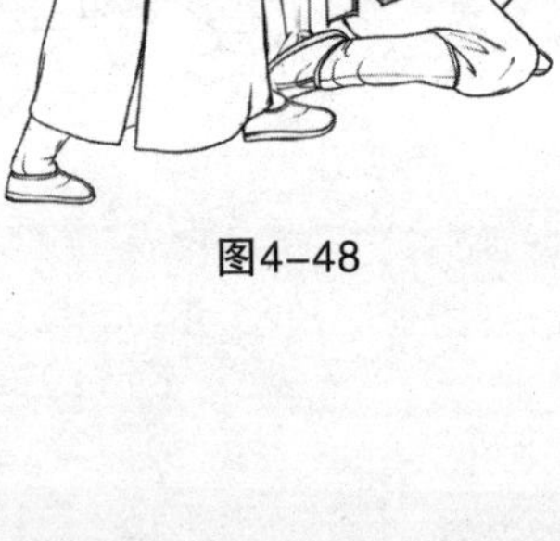

图4-48

十八、拨草寻蛇势

1. 敌方右上步于我方左脚外侧后方，同时，双手将我方抱住。（图4-49）

图4-49

图4-50

2. 我方两掌掌尖向上、掌棱向里，迅疾向上穿戳击敌下巴。敌方仰面，我方即用掌背甩拍击敌面部。随即，左膝提顶敌方小腹，敌必松手后退。（图4-50）

十九、铁扫浮云势

1. 敌方右进步，右拳横扫我方头部。我方略向后滑步，左臂屈肘上架，托于敌方右前臂下侧，阻截敌拳攻击。（图4–51）

图4–51

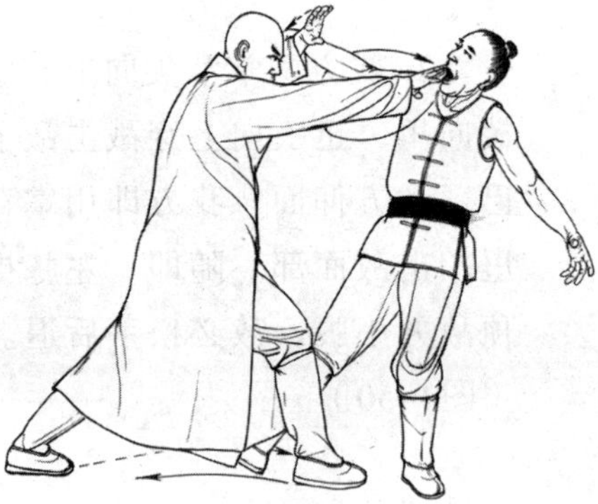

图4–52

2. 接着，我方右脚跨上一步，踏入敌方中门，同时，右掌从左向右扫击敌面部，致敌迷失。（图4–52）

3. 动作不停，我方左手反抓敌右腕并旋拧，同时，右掌经敌右臂下侧穿过按压其右肩后，将敌臂缠绕反折而将其擒制。（图4-53）

图4-53

二十、麒麟吐书势

1. 敌方右进步，左拳击打我方面部。我方略后滑步，沉身稳桩，左臂屈肘上架，托住敌方左前臂下侧。（图4-54）

图4-54

2. 接着，重心移向左腿成左弓步，同时，右掌插击敌方左肋章门穴。（图4–55）

图4–55

3. 动作不停，我方左手翻转抓住敌左腕，同时，右掌经敌左臂下侧穿过抓住敌左腕，两手合力抓握。随即，右脚进一步，左转身，将敌左臂扛在我方左肩上，两手下拉，将敌控制。（图4–56）

图4–56

二十一、毒蛇钻肠势

1. 敌方右进步，右拳击打我方面部。我方迅疾后滑步，左臂屈肘上架，托敌右前臂下侧，阻截敌拳攻击。（图4-57）

图4-57

2. 接着，我方右掌插击敌方心口鸠尾骨，重创敌方。（图4-58）

图4-58

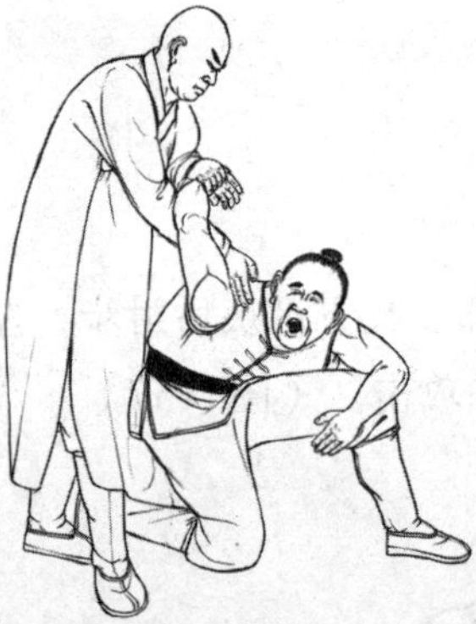

3. 动作不停，我方左手外划，抓住敌右腕，同时，右掌经敌右臂下穿过按压敌右肩后，右脚上步立身，左手抓住敌右腕旋拧上提，致敌俯身扭臂而被擒。（图4-59）

图4-59

二十二、金蛇寻穴势

1. 敌方右进步，右拳击打我方面部。我方后滑步沉身，同时，左拳上挑，格击敌方右前臂内侧，将敌拳向外弹开。（图4-60）

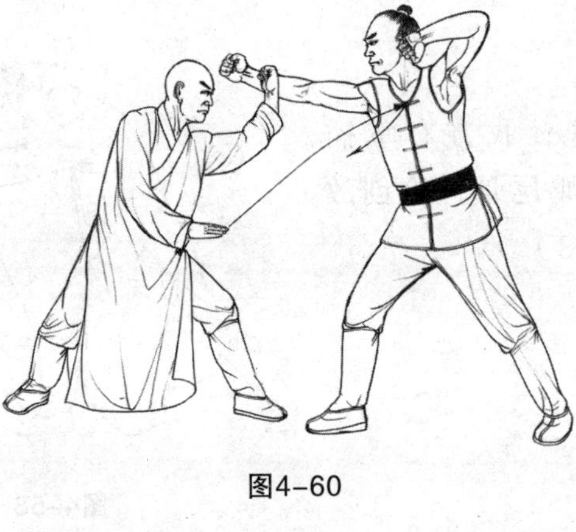

图4-60

2. 随即，我方右手前伸抓住敌方胸襟，猛然拽拉，致敌有前扑之状。（图4-61）

图4-61

3. 动作不停，我方迅疾松右手，伸中指点击敌天突穴。（图4-62）

图4-62

二十三、仆地游龙势

1. 敌方右进步，双拳相并向我面部冲击。我方后滑步，沉身下坐，上提两掌护住面部，避过敌拳锋芒。（图4-63）

图4-63

2. 动作不停，我方右脚向前上步，俯身前倾，两手分别搂抱敌两脚腕，猛向上提，敌必倒地。（图4-64）

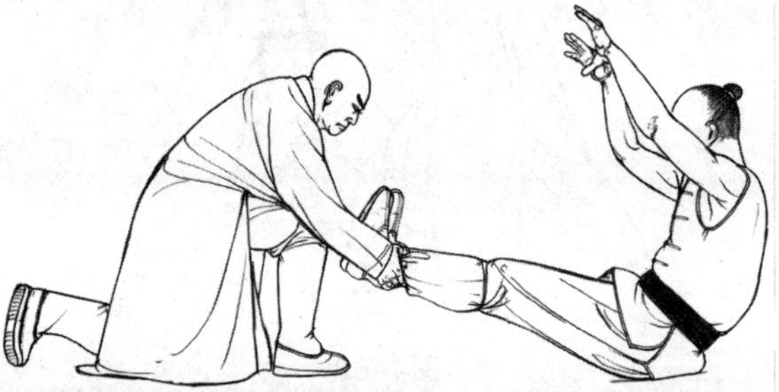

图4-64

二十四、湘子挎篮势

1. 敌方右进步，右手抓住我方左肩部，欲施法制我。（图4-65）

图4-65

图4-66

2. 我方迅疾用左手抓住敌右手，同时，右拳屈肘上提，用肘弯挎提敌方右肘部。（图4-66）

3. 动作不停，我方右拳向右外侧反压，致敌右肘骨折，跪地就擒。（图4-67）

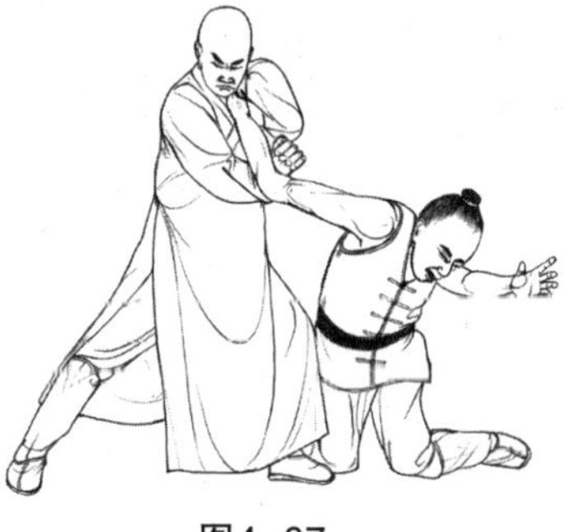
图4-67

第五章

大力金刚擒魔手（十八势）

少林金刚门是少林四大经典武功之一，据传源自北魏时期少林寺第一武僧——僧稠禅师。

此门以金刚名者，乃取佛经《金刚般若波罗密经》注：“金刚者，金中精坚者也。刚生金中，百炼不销，取此坚利，能断坏万物。”

金刚门极重功夫，其硬功威震武林。关乎擒拿，此门有“金刚大力鹰爪功”，是专门练习手上抓扭力量的一种硬气功，功成者双手十指利如钢爪，发力能碎酒杯、裂核桃，擒拿立致筋分骨错，令敌胆寒。读者自请参阅相关资料，本书不再赘述。

少林金刚拳是少林拳术中的上乘拳法，拳势古朴，注重实战；手腿并用，勇猛混元；起落翻转，刚疾多变。其技击招法主以踢打，辅以擒拿，今专讲其擒拿法——金刚擒魔手。

金刚擒拿以大力鹰爪功为根本，再加抓拿、缠拉、封闭、拦截、点穴、跌法等绝招，如虎添翼，当者披靡。

一、武僧担柴势

1. 敌方左进步，左拳击打我方面部。我方左脚向后撤退一步，成右弓步，同时，右手上划向外格挡，并顺势翻腕向外抓住敌方左前臂。（图5-1）

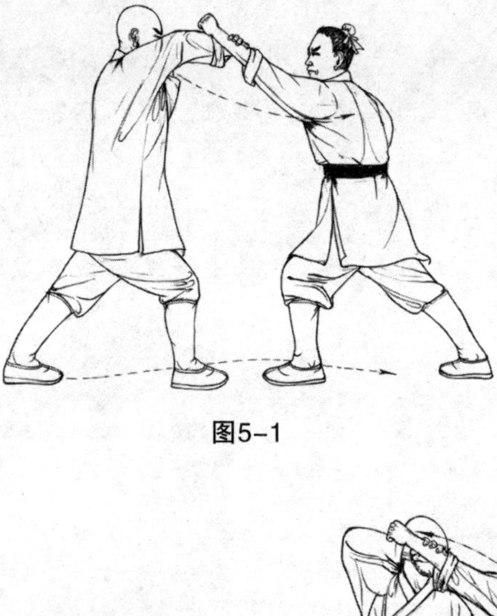

图5-1

2. 接着，我方左脚上前一步，落于敌方左脚跟内侧地面，同时，左掌伸臂穿过敌左腋下。（图5-2）

图5-2

3. 动作不停，我方迅疾右脚插步右转身，同时，左手内收协同右手抓住敌方左腕，将其左臂担在我方左肩，两手用劲旋拧向右下拽，左肩发力，折敌左臂。（图5–3）

图5–3

二、截虎千字势

1. 敌方左脚向左横开一步，右拳插击我方腹部。我方左脚迅疾横开一步，右拳下插，用右前臂内侧格挡敌右腕部。（图5–4）

图5–4

2. 我方顺势用右手抓住敌右腕；敌方则迅速向其左侧前上步，左转身，左脚向左摆步，背身左鞭拳，反臂扫击我方头部。我方右手抓住敌腕不放，左弓步，左拳上提，由左前臂阻挡敌方左前臂后侧，使敌后扫失效。（图5-5）

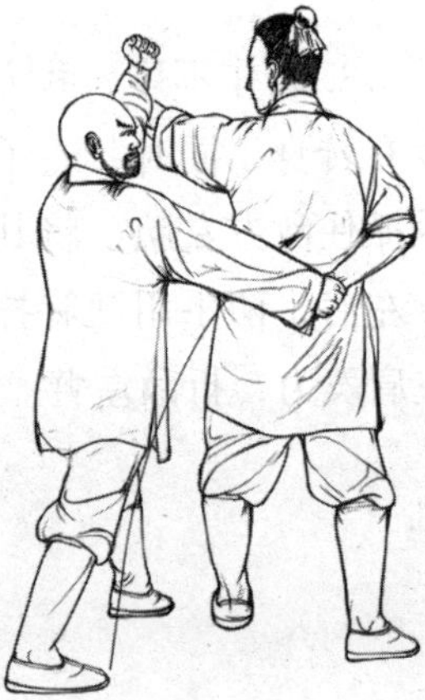

图5-5

3. 接着，我方猛然放开右手，起右脚蹬击敌方腰脊，将其蹬扑而出。（图5-6）

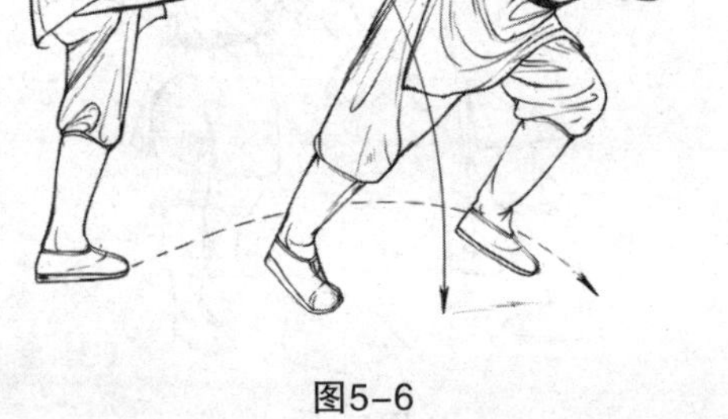

图5-6

4. 动作不停，我方右脚迅疾向前踏落，左脚抢上一步，将敌扑倒，同时，俯身向前，左臂环抱敌方颈部，右掌按压其后脑，将敌擒拿在地。（图5-7）

图5-7

三、金刚拿臂势

1. 敌方右进步，双拳向我方头部掼击。我方左脚迅疾撤退一步，屈膝下蹲成马步，立即举起双臂，探入敌方两臂之间，将敌拳向左右两侧格开。（图5-8）

图5-8

2. 动作不停，我方挺身立起，同时，双拳变掌外翻，分别抓握敌方两腕。（图5-9）

图5-9

3. 我方随即向外侧旋拧合拢，身体同时下蹲，将敌方擒制。（图5-10）

图5-10

四、倒插杨柳势

1. 敌方抓住我方右手后，将我方右臂担在其右肩上，欲使用过肩摔。（图5-11）

图5-11

图5-12

2. 我方左脚插入敌两腿之间，身体尽量后坠，重心后坐成马步立稳，同时，左掌用力顶在敌方腰部，右手后拉，身体尽力后仰，摆脱敌方的拉臂扛肩。（图5-12）

3. 动作不停，我方双掌猛然发力前推，将敌方推扑而出。（图5-13）

图5-13

五、马后挂拳势

1. 敌方左进步，左拳击打我方面部。我方后滑步，避敌拳锋芒之际，起左手向外格挡敌左前臂，顺势翻腕向外抓住其左腕，并向外下侧按压翻拧。（图5-14）

图5-14

2. 敌方迅速出右拳，击打我方面部。我方抬起右掌，向体外侧格挡敌方右腕外侧。（图5-15）

图5-15

图5-16

3. 随即，我方右掌外旋扣指抓住敌方右腕，并向内翻拧且向右拉。（图5-16）

4. 动作不停，左手松开敌方左腕，按于其肩后侧，随即双手用力，将敌方向右撇倒在地。（图5-17）

图5-17

六、运手排风势

1. 敌方右进步，双掌齐出，推抓我方胸襟。（图5-18）

图5-18

图5-19

2. 我方向后吞胸之际，体微右转，右前臂由左向上、向右横打敌方左前臂外侧，将敌方双掌拦于体右外侧，化解其推抓之危。（图5-19）

3. 接着，我方右掌向外翻腕，用力向下按压敌方右臂，同时，左掌也按住敌方右臂后侧，向下加力。（图5–20）

图5–20

4. 动作不停，我方双掌迅疾转向发力，向前上抖劲推出，将敌推跌而出。（图5–21）

图5–21

七、古树盘根势

1. 敌方左进步，右拳在上、左拳在下，双拳同时攻击我方面部和胸部。我方迅疾抬起双臂，左臂向外上方格挡敌右前臂内侧，右拳向前下方按压敌方左前臂上侧，阻截敌方攻势。（图5–22）

图5–22

2. 接着，我方左拳向外下压敌右臂，将其震落。（图5–23）

图5–23

3. 敌方随即上体右转，右拳反鞭拳击打我方头部。我方迅速用左手按压敌方左腕，右手上抬接住敌方右腕。（图5-24）

图5-24

4. 动作不停，我方右手抓住敌方右腕向右外侧旋拧，同时，左手抓握住敌方左腕旋拧，双手将敌双臂向内侧上翻拧，使敌前扑而被擒拿。（图5-25）

图5-25

八、猴子拉藤势

1. 敌方抓住我方右腕，意欲拉臂扛肩而失效之际，迅速左转身用左肘向后摆击我方头部。我方迅疾沉身蹲成马步，左肘向前抵住敌方左肩后侧，使敌方肘击失效。（图5–26）

图5–26

图5–27

2. 动作不停，我方右手旋腕扣指抓拿敌方右掌，左手上抬，合力拿敌右掌，同时，两脚交换步位。随即立身而起，左旋体，两手合力将敌右臂反折拉住，使敌动弹不得。（图5–27）

九、鬼脚穿心势

1. 敌方左进步，右拳击打我方面部。我方迅疾后滑步，避敌拳锋芒之际，左掌向上格挡敌方右腕内侧，并外旋扣指抓敌右前臂。（图5-28）

图5-28

2. 敌方迅疾出左拳击打我方心口部。我方迅疾用右手抓住来拳手腕向下按压，阻截敌拳攻击。（图5-29）

图5-29

3. 动作不停，我方迅疾将敌方两臂向外分开随即撤手，右腿提膝入怀，脚尖向前弹踢敌方心口部位，致敌重创。（图5-30）

图5-30

十、盘拳劈捶势

1. 敌方左进步，右拳前抡劈打我方头顶。我方迅疾将左脚后撤一步，左拳上举，用左前臂格挡敌方右前臂。（图5-31）

图5-31

2. 接着，我方左拳变掌旋腕扣指抓拿敌方右前臂。同时，右拳上提外翻，反背拳击打敌方鼻梁，将敌重创。（图5–32）

图5–32

3. 动作不停，我方左手抓住敌方右腕向左下旋拧，同时，右拳变掌，卡住敌方咽喉向左后旋压，使敌仰身倒地。（图5–33）

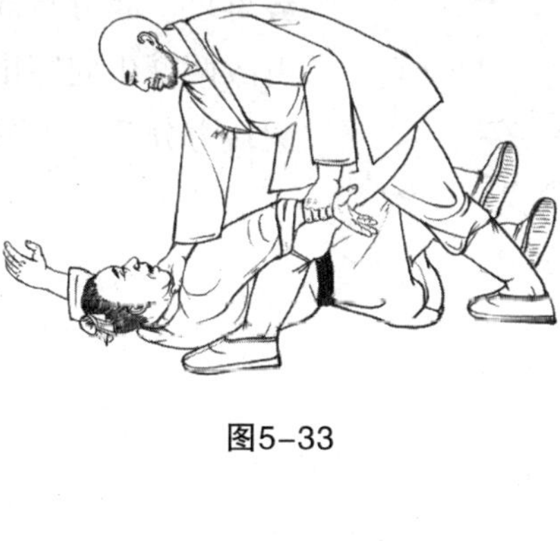

图5–33

十一、双掌降魔势

1. 敌方左跨步进身，双手抓按我双肩，同时，右膝飞撞向我方胸部。我方迅疾将双掌相叠，在胸前按住敌方右膝盖，使劲向下按压。（图5–34）

图5–34

图5–35

2. 敌方右脚落地退身，欲换势再攻。我方将双掌迅速上提，由敌两臂中间穿出，并向左右两侧猛力分开。（图5–35）

3. 动作不停，我方双掌一转，掌心向前，用掌根猛托敌下颌，抖劲发力，震伤敌方。（图5-36）

图5-36

十二、侧身扫捶势

1. 敌方左跟步之际，右脚向前外侧横跨，左拳迅疾冲击我方面部。我方迅疾将左脚向左外侧闪跨一步，右偏身，上抬左掌架托敌左前臂下侧，使敌拳攻击落空。（图5-37）

图5-37

2. 接着，我方左脚上一步，右拳迅速冲出，击打敌方左肋部。（图5-38）

图5-38

3. 动作不停，我方左手抓住敌方左腕旋拧向我右肩侧推送，同时，右掌猛劈敌左臂外侧，使敌左臂既受伤又受控。（图5-39）

图5-39

十三、牵牛过岭势

1. 敌方右进步，左拳击打我方面部。我方后滑步，左掌上划，用左前臂外侧格挡敌方左前臂外侧，将其拳攻击力化于体侧。（图5-40）

图5-40

图5-41

2. 接着，我方左掌外旋扣指，抓住敌方左前臂之际，敌方冲出右拳击打我方面部。我方迅疾上起右手，反抓住敌方右腕部。（图5-41）

3．动作不停，我方右脚向右侧方横跨一步，两手抓紧敌方双臂左右互拉，使其双臂交缠。（图5-42）

图5-42

4．紧接着，我方左脚向右脚上方盖步，右脚再向右侧开步，连续换步，奋力将敌方向我身体右侧拖动，欲将其摔倒。而敌方连续跟步，我方暂未成功。（图5-43、图5-44）

图5-43

图5-44

5. 我方迅疾起身，右脚向左脚盖步，拽敌双臂反向而拖。（图5-45）

图5-45

6. 我左脚再向旁开步，将敌猛力向左侧拖动，同时，身体下蹲，借助惯性，终将敌摔倒，且两手用力扭伤敌方双臂。（图5-46）

图5-46

十四、罗汉滚臂势

1. 我方进右步，出右拳击敌。敌方左手接我右腕，右手拿我肘，欲施擒法制我。（图5–47）

图5–47

2. 我方迅疾将右拳经敌方右前臂下侧穿过，尽力内屈前臂。（图5–48）

图5–48

图5-49

3. 动作不停，我方右臂向上方滚动竖起，牵动敌方双臂相互交叉，顺势挣脱敌方双手。（图5-49）

十五、卧地绞剪势

1. 敌方左脚上步之际，右脚向前外侧摆跨一步，右拳迅疾冲击我方面部。我方迅速向后滑步之际，右前臂向上架敌右前臂，并贴着敌臂向外旋压，扣指抓住敌右前臂下压。（图5-50）

图5-50

2. 接着，我方左脚稍微前跨一小步贴于敌方右脚内侧，同时，右脚绕过敌方右腿外侧置于敌双脚中间，左掌横臂拦于敌方右肩前侧。（图5-51）

图5-51

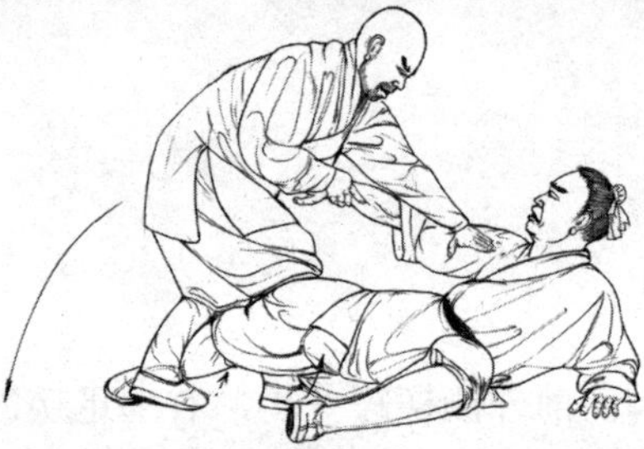

图5-52

3. 动作不停，我方左掌下压敌右肩，右脚回勾，使敌方失去重心，向后倒地。（图5-52）

4. 随即，我方松开两手，上体顺势向后倒卧，左脚勾住敌右脚脚踝处，右脚向后回缩，身体向右微转，双脚紧紧缠住敌方右腿，猛力绞劲，伤其脚踝。（图5-53）

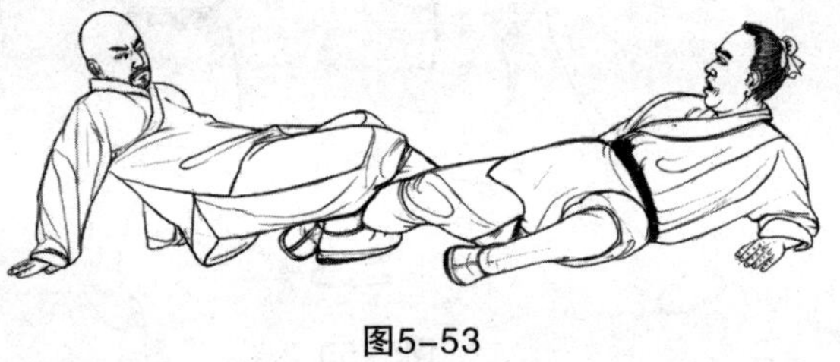

图5-53

十六、侧身挑格势

1. 敌方左进步，左拳击打我方面部。我方左脚迅疾撤退一步，同时，右臂上架，格挡敌方左前臂。（图5–54）

图5–54

2. 接着，我方右臂贴住敌方左臂向外、向下划压；敌方则冲出右拳击打我方面部。我方迅速上抬左掌，架格敌右腕，阻截敌拳攻击。（图5–55）

图5–55

3. 动作不停，我方左掌旋腕扣指拿住敌右腕向下旋拧，同时，右手将敌右肘向上托起，右腿挺直伸立，左脚踮起。以右手为支架，左手下压，将敌右臂擒拿，如果用力过度，可致敌臂断折。（图5-56）

图5-56

十七、翻雷滚天势

1. 敌方左进步，左拳击打我方胸部。我方迅疾后滑步，同时，右臂由上向下格压敌拳，并向右外侧格化。（图5-57）

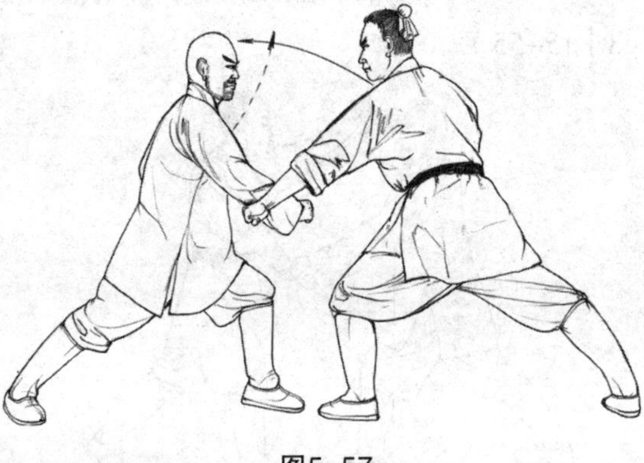

图5-57

2. 敌方紧接出右拳劈击我方头部。我方迅速举左臂向上架住敌右腕部，下压上架，将敌方两臂分开。（图5-58）

图5-58

3. 动作不停，我方右脚向内移步，左脚进步于敌方右脚内侧，同时，左手向前下缠抱住敌方头颈部，右掌按住左手背助力，将敌方头部抱贴于我左胸前，进而控制住敌方。（图5-59）

图5-59

4. 随即，我方猛向右转体，将敌旋转摔跌而出。（图5-60）

图5-60

十八、山中擒虎势

1. 我方使用金绞剪腿卧地之际，敌方坐身而起，用左拳击打我方面部。我方迅疾用右掌支撑按地，左掌上划格挡敌左腕外侧。（图5-61）

图5-61

2. 随即，我方左腕外旋扣指，抓拿住敌左腕，旋拧下压。（图5-62）

图5-62

图5-63

3. 敌方迅疾冲出右拳，击打我方面部，意欲挣脱左腕。我方拉住敌方左腕不放，右掌上抬，格挡敌方右腕外侧，阻截敌拳攻击。（图5-63）

4. 动作不停，我方右掌旋腕扣指，抓拿敌右腕。随即，两手抓紧敌方双腕向左右拉开，使敌右臂压住其左臂，用力向右侧一绞，折敌两臂而擒拿。（图5-64）

图5-64

第六章

燕青混元擒拿手（十四势）

燕青拳，一个非常古老的拳种，流传很广，流派很多。据史料记载，它出自少林，自宋代创始以来即高手辈出。

本章擒拿所属燕青门，乃少林独传秘宗，与众不同。此门又名“燕青扑”，擅长擒拿摔跌，灵巧机敏，别开生面，有燕青练、燕青打、百把功、地桩功、燕青刀等秘传武技。其中的百把功，专门练习单双爪的抓拿擒制功劲，与擒拿息息相关。

混元擒拿手，又名“燕青混元擒敌手”，最主要的特点就是“混元”。双手用劲之时混合踢打，分筋错骨之时混合点穴，擒伏拿获之时混合摔跌，招法复合，细腻多变，常使敌防不胜防。

此章采其精粹，举例解之，共十四势。

一、浪子踢球势

1. 敌方进左步，右掌扑击我方面部，右脚踢击我方右膝。我方迅疾退步，屈膝沉身成右虚步，上闪敌掌，同时，右掌向下、向外斜砍敌方右踝外侧，阻截敌脚踢击。（图6-1）

图6-1

图6-2

2. 随即，我方左拳向前上架，右脚弹出，踢击敌方裆部。（图6-2）

3. 动作不停，我方右脚落步于敌方右腿外侧，前弓步，同时，右臂穿过敌方颈部左侧环臂抱敌颈，左手合力，身体左旋，箍敌脖颈而擒制。（图6–3）

图6–3

二、燕青扯旗势

1. 敌方右进步，右横摆拳扫击我方头部；我方迅疾俯身避过。刚起身欲出招，敌方已经左转身反背拳横扫而来；我方迅疾上抬左臂，用左前臂阻截敌方左前臂。（图6–4）

图6–4

图6-5

2. 动作不停，我方左拳变掌，旋腕扣指，抓拿敌方左腕旋拧，同时，右掌向上推按敌左腋及肩胛，拇指可扣敌腋下极泉穴，将敌擒制。（图6-5）

三、燕青勒马势

1. 敌方左进步，右掌推击我方面部。我方左脚撤退一步，同时，左掌上起外划，拦格敌方右腕内侧。（图6-6）

图6-6

2. 随即，我方左掌旋腕扣指，擒敌右腕旋拧，同时，右手拿敌右肘，拇指扣其曲池穴。（图6–7）

图6–7

3. 动作不停，我方右脚略收，沉身向下，双手擒拿敌方右臂向外下方旋拧，迫其俯身就擒。（图6–8）

图6–8

四、撩阴盘臂势

图6-9

1. 敌方左进步跨入我方中门，右拳击打我方面部。我方迅疾沉身，略收左步，成左虚步，同时，左臂上架，阻截敌方右前臂下侧。（图6-9）

图6-10

2. 随即，我方身体继续下蹲，右倾身，右拳勾击敌方裆部。（图6-10）

图6-11

3. 动作不停，我方左手外旋抓敌右腕，右拳变掌上提，经敌方右臂外侧提挎其上臂，并向外旋压其腋后及肩部，致敌反臂受控。（图6-11）

五、连捶断颈势

1．敌方右进步，双掌端起，左掌在前、右掌在后，从右向左削击我方头部左侧。我方迅疾将头部向右下偏闪，左臂上抬，将敌双掌向左外侧挡出。（图6–12）

图6–12

2．随即，我方左掌旋腕扣指，抓敌左腕向外侧翻拧下压，阻截敌方右掌臂，同时，右拳反背捶击打敌方面部。如敌仰面，我方右拳则迅疾前顶其下颌。（图6–13）

图6–13

图6-14

3. 动作不停，我方右拳变掌抱按敌方下颌左侧，左掌前伸抱敌方后脑，同时，两掌抱敌头部向左旋拧，将敌扭翻于地，致其受伤失力。（图6-14）

六、燕青带马势

1. 敌方右进步，右掌斜劈我方头部。我方迅疾后撤左脚一步，左臂上架，用左前臂阻截敌方右前臂下侧。（图6-15）

图6-15

2. 随即，我方左臂贴着敌臂外收，掌心及虎口托敌方右腕，同时，右手上起，掌心按敌方右肘弯（尺泽穴），屈指扳其肘部。（图6–16）

图6–16

3. 动作不停，我方左手屈指扣拿敌方右腕，使劲向外下方翻拧，身体随之下俯，双手合力，制敌右臂而擒拿。（图6–17）

图6–17

七、短打擒拿势

1. 敌方右进步，踏入我方中门，右勾拳击打我方下颌。我方不退，迅疾含胸收颌，右掌接按敌方右拳面，屈指抓扣。（图6–18）

图6–18

图6–19

2. 随即，我方上体右旋，起左肘下压敌方右肘，将其右肘夹于我左上臂内侧及腋下，先行控制。（图6–19）

3. 敌方力大，旋转其右臂回抽。我方借其松手之势，左肘上抬，回撞敌方右肩或胸部。（图6–20）

图6–20

4. 动作不停，我方左臂前伸，反缠夹抱敌方头颈，向左外旋拧，同时，立身上提，右手协助，合力擒拿。（图6–21）

图6–21

八、白鹤踏雪势

1. 敌方右进步，双掌向我头部左侧削来。我方迅疾左闪步，上体左转，抬起右臂拦截敌方两前臂。（图6-22）

图6-22

2. 随即，我方右臂向左下方按压敌两臂。（图6-23）

图6-23

3. 动作不停，我方提起左脚蹬踩敌方右膝内侧。（图6–24）

图6–24

图6–25

4. 随即，左脚落步于敌方右脚内侧，同时，左掌反背捶击打敌方面部。（图6–25）

5. 紧接着，我方左拳下落，经敌方右臂内侧绕向外侧，左前臂压敌上臂后侧，同时，右手拽敌右腕向右后旋拉，双手合力将敌擒控于地。（图6–26）

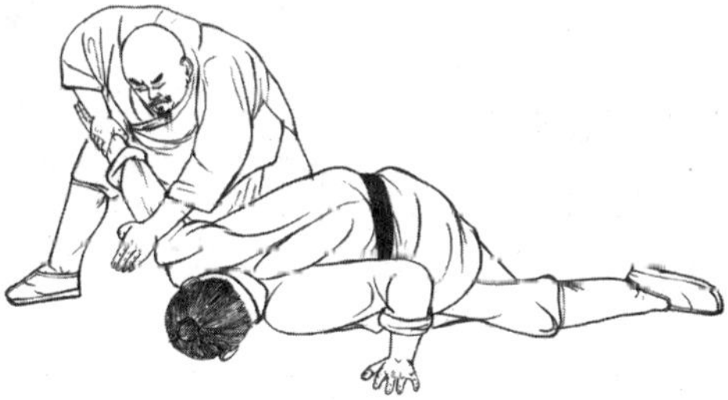

图6–26

九、顺手牵羊势

1. 敌方右进步，双推掌攻击我方胸部。我方迅疾后滑半步，右偏身后仰，避过敌方双掌。（图6–27）

图6–27

2. 随即，我方左掌掌棱贴敌右前臂外侧，向其左侧挡开，同时，身体立起成左弓步，右掌按敌右腕外侧。双掌发力，将敌方双掌向其左侧推开。（图6–28）

图6–28

3. 动作不停，敌方右臂与我方双掌较劲之际，我方右掌旋腕扣指抓敌右腕，左掌拿敌右肘，可用指扣其尺泽穴。随即，左脚收步，下沉身，右手拿敌腕向下旋拧，左手压敌肘助力，合势擒制敌方右臂。（图6–29）

图6–29

十、进步合盘势

1. 敌方左进步，左拳击打我方胸部。我方迅疾后撤左脚一步，右臂抬起，由内向外、向下格击敌方左前臂内侧，向右下方挡开。（图6–30）

图6–30

2. 动作不停，我方右拳伸指成掌，贴敌方左前臂向下绕转，按敌方左拳背向右外上推，同时，左手按敌方左肘弯内侧，向左下收力。敌方左腕、肘被控而牵制到肩，身体左倾右转而被控制。（图6-31）

图6-31

十一、飞鹤剪眼势

1. 敌方右进步，右拳击打我方面部。我方左弓步，左臂屈肘上架，用左前臂外侧架格敌方右前臂下侧。（图6-32）

图6-32

2. 随之，敌方左拳向我方胃脘部击来。我方左腿挺直抬脚跟长身，右臂自胸前向下拦格敌左前臂内侧，向右下外侧挡开。（图6–33）

图6–33

3. 随即，我方右掌迅速收回，砍击敌方左臂。敌方身体后仰并微微左转，避过我方掌击。（图6–34）

图6–34

4. 动作不停，我方身体前探，右掌向前切，转腕成剪指，插击敌方双眼。（图6-35）

图6-35

5. 随即，我方前滑步，右掌按敌方下颌，左掌前伸抱敌方后脑，两掌同时用力向左发劲一搓，扭伤敌颈椎而控制之。（图6-36）

图6-36

十二、云手抖铃势

1. 敌方左进步，双掌同时向我方胸部推击。我方略后滑步之际，双掌从下由敌方双臂中间穿出，将其双臂向左右两侧分开。（图6–37）

图6–37

2. 随即，两掌贴敌方双臂下压，用两掌棱贴敌两前臂外侧内合，阻截敌方发力。（图6–38）

图6–38

3. 动作不停，我方双掌一发抖劲，将敌方双臂向内一震，左掌迅疾上翻成拳，反背捶击打敌方面部，重创其鼻梁。（图6-39）

图6-39

4. 紧接着，我方右脚上一步，同时，右拳变掌前伸，经敌方右肩上侧穿过，环臂缠抱敌方头颈，向上提劲，控制敌方。（图6-40）

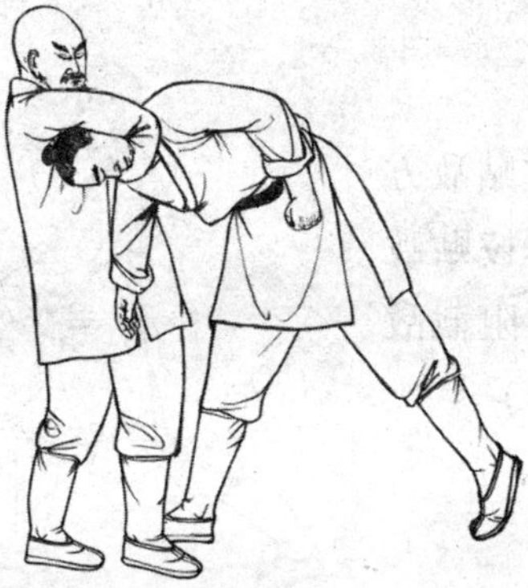

图6-40

十三、斩首一剑势

1. 我方左进步，左掌反劈敌方头颈左侧。敌方略收步，双手抬起将我方左臂抓住，随之向左倾成右仆步，双手用力将我方向左侧牵拉，欲摔我方。（图6-41）

图6-41

2. 我方左掌旋腕扣指，抓敌左腕旋拧，同时，左脚蹬力，上身后仰，尽力向后挣脱，将敌拉起。（图6-42）

图6-42

3. 双方较劲争力之际，我方借敌方回抽劲之势，上体前倾，右掌迅猛砍击敌方左颈，将其重创。（图6-43）

图6-43

十四、燕青伏虎势

1. 我方左进步，左拳击打敌方面部。敌方后滑步之际，右掌抵我方左拳面，屈指抓扣并向上提旋拧，欲施招制我。（图6-44）

图6-44

2. 我方迅疾将右拳向敌方面部劈击。敌举左臂格架之际，我方右脚踩击敌方小腹，致其重伤而撒手。（图6–45）

图6–45

3. 动作不停，我方右脚向前落地，左手抓敌方右腕，同时，右拳变掌向下绕过敌方右上臂，掌背贴敌方右前肩部，右旋劲，将敌右臂擒拿。（图6–46）

图6–46